さらば！会社狂

――リストラ時代の逆転発想

片岡幸生

明窓出版

はじめに

私は、ある大手企業に勤務する会社員です。年齢は、いわゆる団塊の世代で、近年のキーワードの一つである「リストラ」も人ごとではありません。

しかし、そんな中でも、人生が愉しくて仕方がない。未来に夢を持ち、今を愉しみ、愉快に暮らしています。

自らの方針に従い、人生設計でとかく軽視されがちな定年後の未来も現在（現役時代）と同格に引き上げ、その準備に楽しく奔走する毎日です。

最近私は、未来の理想的な生活のあり方を明確にし、その準備に取り組む事こそが、実は現在の人生をも飛躍的に豊かにするという事が分かってきました。

そのおかげで団塊世代の宿命であるポスト不足の問題や、会社での不愉快な出来事、つきまとう「リストラ」の影などが、きわめて些細な事の様に思えるようにもなりました。

一方では、多くの人々が現状に、得体の知れない不安と不満を抱えつつも、会社という鎖から自らを解き放つ事ができず、いたずらに時を重ねている現実があります。また、いわゆる「リストラ」時代の中で、短絡的な決断をしてしまい後悔の日々を送っている多くの人々がいます。更には、定年後の人生があまりにも軽んじられ、完全燃焼とは程遠い人生、むしろ定年後の悲劇とでも表現すべき事例が巷に溢れています。こうした現実を目の当たりにして、私の現在の心境、考え方とそれに基づく行動、及び夢の持ち方が、多少ともこれらの問題解消の手助けになるのではと思い、紹介させて頂く事にしました。

構成は大きく三つに分けました。一番目は、現代社会における常識への疑問、次に現在我々団塊世代がおかれている状況に対する考え方、対処法、最後は、今後の、特に人生の第二ステージに向けての考え方と対処法です。

この本が特にお役に立てそうなのは、年齢は団塊の世代を含んだ三〇～六〇才ぐらいの方で、職種は、普通の企業人。私自身もそうですが、いま最も人口構成比の多い方々になります。

全ての方に本書が適合するとは限りませんが、自分の人生に多少なりとも、あるいは大いに疑問をお持ちの方に読んで頂き、考え方も色々あるもんだな、という思いを持って頂ければ、あるいは、少し勇気付けられたという気持ちを持って頂ければ、目的達成です。

逆におまえの考え方はおかしい、間違っているという意見がありましたらご連絡下さい。おおいにディスカッションを楽しみたいものです。

目次

第一章　世の中、錯覚のオンパレード 10

第一章　世の中、錯覚のオンパレード

科学技術、ビジネスの分野では「発想の転換」、「常識の否定」などというキーワードが氾濫し、それなりの成果も上がっていますが、よく考えてみると、これらは人生の一要素に過ぎません。

我々の人生がなければ科学技術もビジネスも必要ないわけですから、人生そのものに対する認識、捉え方、よりよい人生への発想法に関する議論は、まずなされなければならないはずですが、なぜかこの一番肝心なテーマについては既存のレールを特に疑いもせず、ただ漫然と走っているように思えてなりません。

例えば、日本の場合、幼稚園から高校、大学まで教育という期間を過ごしますが、その目的は人間社会で生きていくための基礎的な知識と能力、応用知識の収得及び人間形成、創造力、理解力等の養成と表向きはなっています。しかし、その実態及び社会の意識は、いかにいい仕事（企業等）を見つけ、いかに、俗にいう、「社会的地位」を築くかに向けられていると言っても過言ではありません。

つまり、いかに人生をいいものにするかではなく、その中の一要素に過ぎない仕事の期間＝人生と捉え、そこだけを豊かにする事に躍起になっているのが現状です。

この事を、定年近くになって気付く人もいれば、定年を迎えた後で、ようやく気付く人もいます。また、ずっと気付かず、定年後の環境の変化についていけず、生きる支えを見失い、早々とあの世へ旅立つ人もいます。

最近では、そこに疑問を持つ人も増え、生き甲斐の事、定年後の事がクローズアップされ始めてはいますが、依然として、仕事を人生の中心に据え、全ての発想がそこから出発していますす。

南国の島国のように、自然の恵みだけで生活できる社会ではありませんから、仕事を否定するわけではないのですが、あまりにも仕事ばかりにスポットを当てているために、もっといい人生があるのに、ほとんどの人が、六〇点から七〇点の人生しか送っていないというのが実態です。

そこでこれから、この原因を分析し、対策を考えていきたいと思います。

そのためには、科学技術やビジネスに対する発想の転換と同様、もっと高い次元での発想転換が必要となります。

それでは、発想転換の必要性について、具体的に述べていきます。

まずは発想転換という言葉を、真実を誤解しているという意味で、「**錯覚**」というキーワードを使用して説明します。説明は、大きなテーマから、順次部分的なテーマへとブレークダウンしていきます。前段の大きなテーマが解決しなければ次が成り立たないわけではありません。相互の関連性は薄いのですが、前段の錯覚を解く事が、人生にとってより大きな効果をもたらす事は間違いないと思えるためです。

これから述べる「錯覚要素」を理解する事が夢いっぱいの新しい世界への第一歩となることでしょう。

(1) 人生設計に関する錯覚

イントロで述べましたように、人生設計とは、学生を卒業するまでに何を学び、社会人としてどのような仕事につき、どの様に生きていくかのプランを立てる事と考えている方が多いのではないでしょうか？　あるいは、親の御膳立てのもと、ただ漫然と会社に入り、設計するという意識もないまま、ひたすら時を重ねている方もおられるでしょう。

ところがこれは大きな錯覚なのです。「人生」という言葉の意味は何でしょう。辞書には「①人間がこの世で生きている期間。人の一生。②生涯。人間がこの世に生を受け、生活して行く事。人間の生活」と出ています。これには誰も異論はないし、そう理解しているはずです。

したがって人生設計とは「人間がこの世で生きている期間」をどの様に設計するかになるはずです。

ところが、ほとんどの人が、人生設計＝学生を卒業するまでに何を学び、社会人としてどのような仕事につき、どの様に生きていくかという意識で、行動しています。なによりも大切な、自分の人生について、「人生設計」という言葉は知っていても、その本当の意味を理解していない、または錯覚し、部分的な設計を人生設計と思っている、これが現実です。具体的に申しましょう。人生設計というテーマで注目すべき項目は以下の通りです。

ⓐ人生の準備期間である、二十歳前後までをどうするか。

本来、これは、社会人として、人間として、将来どの様に生きていくかを設計する事によって決まるはずですが、ほとんどの人が、その一部分にすぎない「収入を得る手段（仕事）」を中心に設計しているのが実態です。西川きよしの様にもっと目を大きく見開き、これから述べるような全体像（＝人生）をイメージした上で設計する事が必要なのですが、この仕事という部分を準備期間中の設計テーマの全てだと思っている……、これが第一の錯覚です。

もっとも、我々はとっくにこの段階は終了していますので、いまさらどうしようもありませんが、せめて子供や、周りの人に対し、このような観点で接してほしいもの。

ⓑ次に、いわゆる仕事をする期間の設計です。

多くの方が、ここではいかにいい仕事につき、いかに組織の上の階層に行くかだけを考えている（設計している）と言っても過言ではありません。ところが、実は、この期間（概ね二十歳〜六〇歳）でさえ仕事の時間よりそれ以外の時間の方が長いのです。それは、睡眠時間が入るからだろうとお思いでしょう？　いいえ、そうではないのです。睡眠時間を除外しても、仕事以外の時間のほうが長いのです。しかも大幅に！

これが**第二の錯覚**です。

計算の内容は第四章で詳述しますが、結論をいいますと仕事の時間は**人生の全体では約一七％、仕事をしている期間（俗に言う現役時代）でさえも4割に満たない**のです。では、なぜこの物理的時間と感じる時間に隔たりがあるのでしょうか。これは、本章の⑶でいう入信現象に他なりません。

そして、この物理的に大きく大変貴重な時間……仕事以外の時間をただいたずらに浪費しているのです。この、時間的に最もウェイトの大きいものに対し、具体的に計画、設計するでもなく、仕事のためのリフレッシュ時間ぐらいに捉え、これまた、漫然と過ごしているのが実態です。

なかには、旅を愉しみ、芸術の世界を訪問し、いわゆる趣味というものに取り組む事によりある程度充実した時間を獲得している方もいらっしゃいます。しかし、それでも、ポリシイを持って全体設計を行い、且つ、「今」も十分愉しみつつ暮らしている方は非常に少ない。

お金の浪費も良くありませんが、時間の浪費はそれ以上に悪い、いや、もったいないと思います。遠慮せず、もっと欲を出し、この貴重な時間を有効活用したいものです。

ⓒ次は、定年後の設計です。

日本では、定年後について、いまだに社会も個人も人生の付録のように考えています。

これが**第三の錯覚**です。

最近になって、ようやく定年後の問題、その重要性が叫ばれ始めていますが、まだまだ対症療法の域を脱していない。考え方、捉え方が変われば、周りが心配しなくても問題は解決するのですが、根本原因である、「定年後に対する考え方」が変わらない限り所詮無理な話です。これからも、時間をかけ、多くの犠牲者（＝六〇点から七〇点の人生しか送れない人）を出していく事でしょう。

この**犠牲者にならない方法**は簡単。錯覚を解き、考え方、捉え方を変えれば（後述）、おのずと行動がついてきます。そして、一〇〇点から百二十点の人生が送れるようになるのです。

(2)仕事は生き甲斐になり得ると言う錯覚

人間、生き甲斐や、生きる支えになるものがないと、生きている意味がありませんし、生きる力も沸いて来ないでしょう。そこで、皆、その事については真剣に考え、探求しているわけですが、その様子は、遠慮深いといいますか、欲がなくあっさりしており、突っ込みが足りないと言わざるをえません。つまり、ほとんどの人が、仕事を生き甲斐にすべきものと考え、また、なり得るものと考えているわけですが、これが、**大きな錯覚**なのです。

仕事を生き甲斐にすべきではないといっているのではありません。また、なり得ないといっているわけでもありません。**仕事も含め、人生の全ての時間が生き甲斐であり、楽しい時間であるべきです**。しかし、通常の生活パターン、人生パターンでは、仕事だけを生き甲斐とすると、豊かな人生を送る事は困難です。その理由は、①仕事が占める時間の割合はきわめて小さい。②仕事の本質から、生き甲斐になり得る確率が小さい（いずれも第四章参照）からです。

問題は、占める時間が少なく、生き甲斐にもならないものにエネルギーを注ぎ、極端な例では、それだけに集中し、人生を豊かにするというチャンスを失っているという現実です。

さらに問題なのは、そのような**狭い範囲で満足し**、これが人生であり、十分幸せな人生を送っていると錯覚している事かもしれません。

もっと欲を出し、人生が占める時間の全域に渡った生き甲斐、愉しみを追及し、その中の一つに仕事もあるという捉え方をしてほしい。仕事が生き甲斐のひとつにならないようなケースでは、職種を変えるのも一つの方法ですが、この本で述べている一連の錯覚を解けば、後述する様に今の環境を維持しつつも、三倍豊かな人生を送れるようになります。

(3)自分は宗教に無縁という錯覚

宗教というものがあります。この大きな目的は、人間は弱いという事を前提に、その弱さを精神的に支えるという事です。弱いから悪いのではなく、その弱さを認め、別次元から支えていこうというきわめて崇高な考え方だと思います。

過去も現在も宗教が社会に及ぼす影響が大きいのは、それだけ人間は弱いという証でもあります。弊害もありますが、生きる力を与えるというメリットの方がずっと大きく、良い意味で社会に及ぼす影響は計り知れないものがあります。

創価学会、幸福の科学、有名（？）な教団では旧名オーム真理教など、宗教団体と称するものは星の数ほどあり、新しく生まれたり消えたりしています。その中のひとつに属し（入信）ている方もいらっしゃるかと思います。また、このような宗教にはまったく無縁という方もおられるでしょう。

ところが、実はほとんどの人が知らず知らずのうちにある宗教に入信しているのです。

お分かりになりますか？　そう、会社教という宗教に入信してしまっているのです。その盲信たるや、会社狂とまで言えるほどです。

入信するとどうなるでしょう。多くの場合、教祖の教えを絶対的なものとして捉え、常識が破壊され、視野が狭くなり、その中の特異な価値観に支配されるようになります。会社教に入信した場合、「会社に忠誠をつくし、会社社会で世に出る事が最高、最大の価値であり、目的である」という教義に支配される様になります。

この事自体不幸な事ですが、このようになっても、私も含め多くの人の弱い心が支えられ、結果として、豊かな人生を送る事ができればまったく問題はありません。

ところが、会社教というものは、教義に忠誠を誓う事こそ最大の歓びという信者の考え方、行動は他の宗教と同じですが、最大の違いは、「教義が精神的な支えとして効力を発揮するのは定年まで」という期限付きである事です。

この弊害が具体的に我々の人生にどの様に悪影響を及ぼしているかは後述しますが、解決手段はきわめて簡単。そう、脱会すれば済む事です。

脱会には、手続きも、解約費用も要りません。暴力団のように、後々、命を狙われる事もない。これから述べるように**「考え方を変える」**だけで良いのです。

(4)リストラは体制縮小（人減らし）という錯覚

いま、巷に氾濫している「リストラ」なる言葉は何時の間にか「人減らし」という意味に変化しています。しかし御存知の様に、リストラ＝reconstruction＝再構築であり、人減らしの意味は何処にもありません。

巨大製鉄会社が事業を再構築し、まったく分野の違うソリューションビジネスをリードするようになった事が話題を提供していますが、このような例が、本当のリストラなのです。この事は、事ある毎に指摘され、識者はメディアを通じ説いて廻っていますが、なかなかこの**錯覚と誤解**は解けない。いまや、言葉の意味も実態も、リストラ＝人減らしに行きついてしまった観があります。

この錯覚を正すとどうなるでしょう。まず、人を減らそうとするぐらいですから、その企業は受注が減ってきているはずです。受注が減ったのは何故でしょうか？　小さな要因は数多くあるでしょうが、大きな意味では時代の方向性を見誤ったからに他なりません。という事は、まず舵取り責任者は方向性を誤った責任を取り、リタイアする必要があります。これは、ごく当たり前で、常識的な事です。その後新体制を作り、その体制で、方向付けを模索する必要があります。模索しても立ちあがり期間の問題や、人材の問題やらで、どうしても解が見出せない場合は、組織の縮小もやむをえないと思います。

しかし、現実はどうでしょう。このような理解のもと、手順を踏んだ上で体制縮小やむなしになっているでしょうか？　ほとんどの場合、取り扱いジャンルの市場が縮小したから、あるいは工夫が足りず競争に敗れたから組織も縮小するというきわめて短絡的な発想をベースとした対応になっているはずです。

おまけに、その中身ときたら、笑止千万、縮小の対象は例外なく責任者以外の人々になっています。もし、組織の縮小は責任者が責任を取って辞任（退社）してからという常識が定着したらどうなるでしょう。自分の身も危ないわけですから、そう簡単には縮小に踏み切らず、本当の意味でのリストラを真剣に模索するでしょう。更には、そのような事態を避けるべく、パラサイト的発想（第二章参照）を反省し、真剣に舵を取るようになるはずです。もっと言えば、本当に真剣勝負ができる人物へと、人選も違ってくるでしょう。

最近も、某自動車メーカーの欠陥車さわぎがありましたが、「組織を立て直すのが私の責任」と発言し、世論の袋叩きにあい、結局辞任した人がいました。このような人を見ていると、本当に義務教育を受けているのだろうかという疑問が沸いてきます。

少々脱線しましたが、受注不振対策として、社員の人減らしだけを実施するなど言語道断、責任逃れの最たるものである事がお分かり頂けると思います。このような事を、理解しているのといないのとでは、万一不幸な事態に遭遇した場合の対応方法もおのずと違ってくるはず。

これらは、我々にとってきわめて重要なファクターであると思いますので、後で詳しく展開していきます。

(5)今は、不確実な不遇の時代という錯覚

バブル崩壊以来、暗い話が多い。失業率、自殺率の増大、賃金の頭打ち……バブルのはじけ方が激しく、その落差の大きさが人々のマインドに影響し、出費を控え、それがまた、企業の活性化へ影響するという悪循環。そして、その企業というのは実は我々そのものなのです。つまり、我々は自分で自分の首を絞めている面もあるというわけですが、それだけではないのも確かです。しかし、もう少し高いところから見た場合、今は本当に悪い時代なのでしょうか。**直前の時代に比べて悪いといっているだけ**で、本当はそんなに悪い時代ではないのに、じっと首を竦め、**貴重な人生の時間を浪費**している事はないでしょうか。賃金が伸びなくても、物価もそれに比例して伸びなければ、相対的には同じ事ですが、賃金が伸びないという悪い事だけに目が行ってしまい、結果として、自分の首を絞めている面も否定できません。

経済面だけで見た場合、世の中は確実に良くなっています。ここでいう物価との相対関係を如実に示すのが御存知のエンゲル係数ですが、次のような数値になっています。

総務庁統計局統計センター資料より

1.家計消費の移り変わり

エンゲル係数は23.7％

戦後の消費支出の構成の変化をみると，エンゲル係数は，昭和39年には38.1％でしたが，生活水準の向上と共に低下が続き，54年には30％を下回り，平成11年には23.7％となりました。

消費支出に占める費目別割合の推移

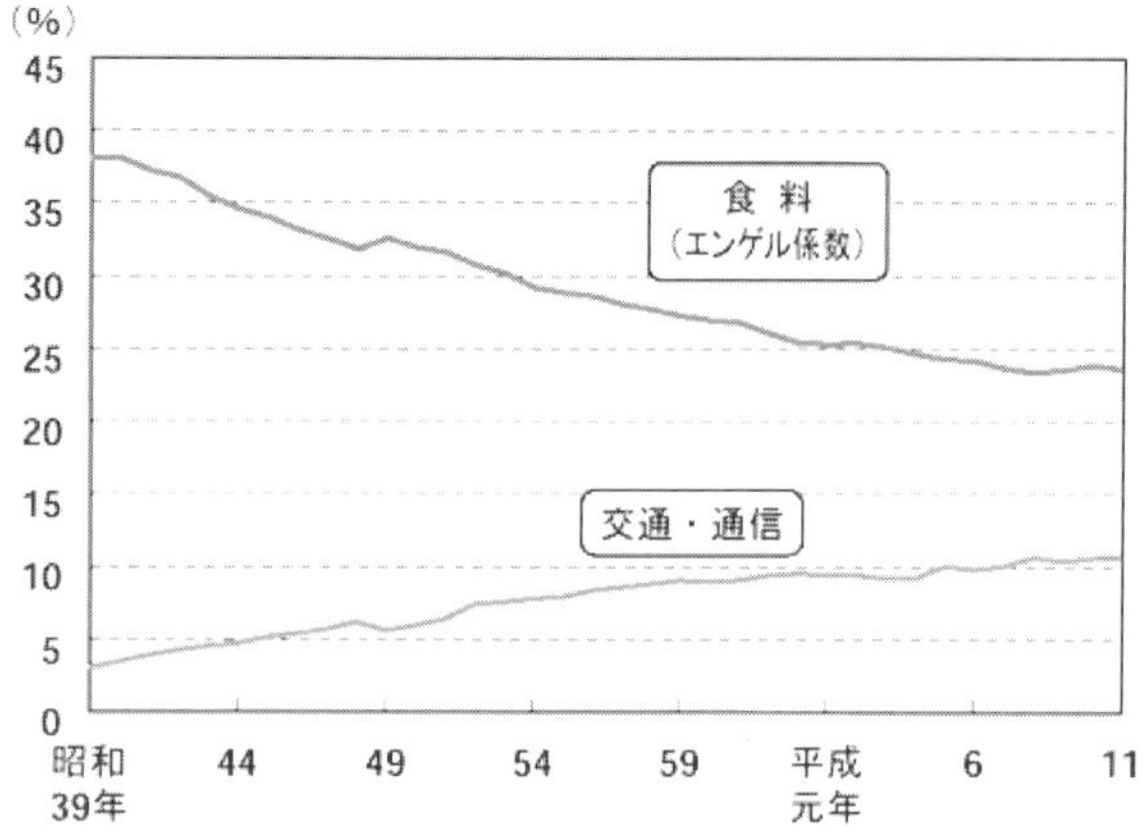

エンゲル係数の意味を疑いだすと切りがありませんが、正しいとすれば、世の中は確実に良くなっているのが分かります。これは、定量的な数値データですので、非常に分かりやすい。数値換算が難しいものもあります。例えば、「機能、性能は向上し、価格は据え置き」のパターン。これなどは、日常茶飯事の出来事なので、「あ、そう」と当たり前のように捉えていますが、実は、**相対的に賃金（収入）が増えている**と考える事もできます。加えて、全世界を巻き込みつつある、ＩＴ技術を核とした社会基盤の整備、拡充。夢はいっぱいあります。何も悲観する事などない。事象を肯定的に捉え、「世の中が良くなるまで待つ」などと後ろ向きに考えず、行動（行動の意味は後述）を起こしてほしいと思います。

(6)ベンチャービジネスに関する錯覚

巷には、ベンチャービジネスに関するハウツーもの、成功例の紹介等の情報が数多く出まわっています。

そのほとんどが、それらを賞賛し、ついついその気にさせられるような内容になっています。こうした情報の氾濫は次のような理由から来ていると思われます。

まず、ほとんどの人が会社教に入信しているため、人生で仕事が占める割合（時間的割合ではなく精神的な割合）が極めて大きい。したがって、その中で夢を描き、実現させる事が生き甲斐になると思っており、その手の情報に対しても敏感になる。

そのような人口が多いため、この話題を取り上げた情報にはたくさんのニーズがあり大きな価値が生まれる。

そこで、マスコミ等の情報産業は、こぞってこれを取り上げる。その場合、その成功確率が小さいという実績データは話題にせず、数少ない成功例の一つを、全てのケースがそうであるかのように報道する。これすなわち「マスコミの弊害」の代表パターン。

都合の悪い事は一切言わず、都合の良い事をことさら強調する。偏った情報の選択をしているだけで、決してうそを言っているわけではないのでしょう。

このような「偏った情報」と、「解釈を誤ったリストラ」が合わさるとどうなるでしょう。

社外に出て、起業家を志せば、バラ色の世界が待っていると**錯覚**してしまいます。起業家になってはいけないといっているのではありません。ベンチャービジネスは確かに夢を与えてくれます。後で述べますが、人間の欲求構造の一つである他人からの尊敬の欲求も満たしてくれるでしょう。また、成功確率が低いといっても、宝くじなどより桁違いに良いわけで、めったに夢が実現しないわけでもありません。

起業家、大いに結構、但し、情報に躍らされず、バランス良く収集し、**偏りのない冷静な判断**のもと、行動すべきである事を申し上げたいのです。

実は私も、ひょんな事から、**社長業の話が舞い込んだ事があります**。その時の私の判断内容および行動については第四章で具体的に御紹介します。

(7) 定年延長はグッドニュースという錯覚

一昔前までは五六歳が定年でした。今では、六〇歳定年が一般的になっています。総務庁統計局編「日本の統計　二〇〇〇年度版」によると、平成二年度から平成一一年度への変化は次の通りです。

	平成二年度	平成一一年度
五十五歳以下	一九・八%	〇・五%
五六歳～五九歳	十六・一%	〇・四%
六〇歳	六〇・一%	九一・二%
六一歳～六五歳	二・七%	六・二%
六六歳以上	〇%	〇%

（注）六六歳以上は平成七年度に〇・一%あったのみです。

このように、定年が延びている理由はいくつかあります。そもそものルーツは寿命が伸び、まだ働けるじゃないかという事だったと思いますが、今では①年金財源がなく働かないと生活できない。②寿命が延びたのに仕事以外にやる事がない等、いくらか変化してきているように思えます。

六〇歳に伸びた時、社会は歓迎こそすれ、批判的な意見はほとんどありませんでした。

そして今、更なる延長を推進する動きがあり、世論もこれを支持しているように見えます。ところが、これがまた大きな**錯覚**なのです。この動きを見ていると本当に人間はお人好し、つまり性善説が正しいとさえ思えてきます。

私は、まったく逆の捉え方をしているため、今の動きには疑問が沸きます。まず、①に関してはせっかく寿命が伸び、生活を愉しむ時間が増えたのになぜ、わざわざ働く時間を延ばすのかという疑問。理由としては、寿命の伸びと少子化による人口構成の変化、それに伴う年金財源不足の問題がよく取り上げられています。

しかし、これは理由ではありません。単なる現象に過ぎないのです。財源がないから働いてもらおうという考えなら、小学生でもできます。なぜ、財源を他の方法で捻出し、社会を豊かにしようという発想がないのでしょう。実は、財源はないわけではないのです。今の仕組みのままでは不足してしまうだけなのです。つまり、財源がないのは原因ではなく現象であり、原因は今の仕組みなのです。この問題についてはいくらでも議論ができそうですが、政治を論ずるつもりはないので、このくらいにしておきます。とにかく、定年延長歓迎という**錯覚を正し、**もっと自分の人生を大切にしてほしいと思います。

次に②の問題です。これは、やる事がないからやる事を与え、おまけに収入もついており一石二鳥、はいハッピーという図式ですが、これも、やる事がないという現象を仕事という**錯覚した生き甲斐**で解決しようという**錯覚**に過ぎません。

つまり、やる事がないのは原因ではなく、現象であり、何故やる事がないような人生になっているのかという根本原因を追求すべきなのです。

この原因追求とその解決法はこの本の主題であり、全編にわたり記述しています。

⑻生き方を諭す情報の錯覚

社会は複雑化し、変動サイクルが加速しています。経済的には戦後の「まず生き抜く事」という状態から劇的に変化し、豊かになり、マズローの欲求五段階説（後述）を裏付けるように、人間が本来持ってはいるが顕在化していなかった欲求が顕在化し、この欲求をどの様にさばき、満たせば良いのか戸惑っているのが現在の姿でしょう。

この、「戸惑い」が新たなニーズを生み出して、考え方や生き方を諭す情報が氾濫しています。ところが、それには、著名人の体験談、生き方を扱ったものや、著名な作家、評論家の考え方を扱ったものが圧倒的に多い。つまり、多くの方々が、実現できる方法ではなく、時間と資源と資産が豊富な、一部の恵まれた人々にしかできないような事を、生き方を示唆する参考情報として商品化しています。そして、受け手は、なんとなく、なるほどとうなずき、その後はまた現実に戻り、「会社人間」としての毎日を繰り返しています。

裏返して言えば、「時間と資源と資産が豊富な、一部の恵まれた人間にならなければ、こんな事はできないよ」と言っているわけですが、なかなかそのようには受け取りません。

これが、ここで申し上げたい錯覚です。

情報を受けながら、「夢」を見ているに過ぎないのですが、なんとなく実現可能な現実と混同しているケースが多い。我々は、このような情報を取捨選択し、現実的な情報とそうでない情報に切り分け、夢は夢として愉しみ、本当に役立つ現実的な情報を選別して吸収、消化する必要があります。

この観点で、この手の情報を見た場合、内容が意外に貧弱な事が分かるはずです。ここで言う資産の中には、有形資産以外に無形の資産もあります。著名人の場合、「著名である」事が資産となるわけですが、一つの事例でこの事を説明してみます。

田舎暮らしをテーマにした一つの情報がありました。田舎の短所として、文化施設がない事を取り上げ、なければ自分で作ってしまおうと考え、現地の人に呼びかけ、実現してしまったという記事でした。このような情報に接した場合、つい、なるほどと思ってしまいますが、ここで注意を要するのは、「現地の人に呼びかけ、実現した」事が、著名人だから現地の人も反応し実現したのか、そのような意思があれば、誰が呼びかけても実現したのかという事です。答えは恐らく前者と思われますが、この場合、単に、著名人の自慢話に過ぎず、我々にとっては何の役にも立たない情報である事がお分かりになると思います。

現実的な情報、自分に役立つ情報と、夢を見させてくれる情報を正しく選定し、正しく吸収、消化したいものです。そして、これから御提案するような人生設計にもぜひ役立ててほしいものです。

⑼方向選択における判断基準の錯覚

人生の選択、生き方の選択の中に、今の会社を辞めて、次の夢を追求するというものがあります。方向を決定する要因は、年齢、才能、周囲の条件により異なりますが、**やむを得ず**選択するのではなく、**自分の意思**で夢を追いかけるのであれば大いに結構。是非積極的にチャレンジしてほしいと思います。

しかし、自分の意思ではなく外部の条件（例えば会社の業績が悪い等）で、選択を迫られた場合、慎重に、冷静に、ある意味で計算高く方向選択する事が必要です。

最も多いケースとして、①今の会社を辞めて次の会社を探す、あるいは②会社が準備してくれた関連会社へ移るケースがあります。②は、双方納得づくというケースが多いと思いますが、問題は①のケースです。このケースは感情的な対立、圧力、あるいはいやがらせなどが起爆剤となる事が多く、平常心を持って、冷静に判断するのは結構難しい。

そして、「コンチキショウ、辞めてやる」と相成るわけですが、この「辞めてやる」というのは相手を困らせるという響きがあり、意識もそうなっているはずです。しかし、①のケースは、辞める事で相手を困らせ、自分はすっきりしたつもりでも、実はすっきりしているのは相手の方。これが、当たり前のようで大きな**錯覚**なのです。

コンチキショウと思って、頭に来たはずなのに、加えて相手をすっきりさせてあげるほど貴方はお人好しですかと申し上げたい。

人間の歴史はよきにつけ悪しきにつけ戦いの歴史です。自分の一生を左右するような戦いをしているのにあっさり敵に白旗を上げるようなもので、それではあまりにも情けない。辞めてしまっては戦いもへったくれもありません。あの手この手で戦いを続ける事、戦うからには勝利するつもりで臨む事です。

世の中無常―これは古今東西動かしがたい事実。売り手市場がいずれ買い手市場になる。辞めるタイミングはその時なのです。

この戦いに、戦車や機関銃は要りません。手榴弾も不要です。武器は心構えのみ。この心構えについては、第五章で詳しく述べています。

⑽コストパフォーマンスの錯覚

コストパフォーマンスという言葉があります。私はこれを、人生に降りかかってくる全事象の選択に指針を与えてくれる重要なファクターと考えています。直接的には費用（コスト）対効果（パフォーマンス）比という意味で、投資した費用に対する効果が大きいか、小さいかという評価をする時に使用しますが、このコストとパフォーマンスは人生のほとんど全ての事象に置き換える事ができます。まずコスト（費用）にあたる事象として、労力、時間、勉学等が考えられます。そしてパフォーマンスに相当するものとしては、歓びの大きさと頻度、収入、各種の影響などです。とかく我々は、この頻度を忘れ、歓びの大きさだけに心が行ってしまいます。これが、コストパーフォーマンスの**錯覚**なのです。分かりやすく日常の身近な話を取り上げてみます。

例えば、ダイニングテーブルと和室や応接室のテーブルのどちらを高級品にするかですが、一般的にはほとんど例外なく後者でしょう。しかし利用頻度を考えると圧倒的にダイニングテーブルです。したがって、コストパーフォーマンスを考えればダイニングテーブルの方にお金

（コスト）をかけるべきなのです。

このような捉え方は、豊かな人生の獲得に多大な貢献をします。身近な生活環境の中で私が常々考え、且つ実践している事象について例を挙げて見ます。

①車は通勤または買い物に使うものを高級車にする。

②衣類は普段着に金を掛ける。

③家は、ダイニング、リビングの順に眺望、日当たりを重視。

④テレビはコストをかけても画面が大きく、高品質のものを選ぶ。

⑤鞄類は、高価なもの順に、通勤用、国内旅行用、海外旅行用。

⑥食器は普段良く使うものを高品質なものに。

⑦キッチン、ダイニング、リビングの内装、照明器具、設備機器等は中でも豪華なものにする。

以上は全て使用頻度から見てパフォーマンスの大きいものです。やや異質ですが、結婚すれば、パートナーと接している時間はきわめて長い。したがって、パートナーは高品質な人（自分にとって）を選ぶべきである事が分かります。

極め付きは人生全体の時間的割合です。当然、割合が大きいものを重視した方がパーフォーマンス（人生の愉しさ、豊かさ）も大きいわけですが、これについては、第五章で詳しく展開しています。

錯覚はこれ以外にも数え切れないほどあると思いますが、ここで挙げた錯覚を改めるだけでも行動が大きく変わり、人生が楽しくなるはずです。

これからは、以上の錯覚に対し、人間の本質的な欲求と照らし合わせ、何が問題で、その問題点に対し、如何に発想を転換し、より豊かな人生を築くかを具体的に説明していきます。

また、第六章では、そのような考え方に基づく具体的な行動例として私の人生設計の内容及び準備状況を紹介しています。これは、一個人の事例ではありますが、多くの方々にとって有意義で、普遍的な事例と自負しています。

したがって、その長所、短所や、結論を出した経緯についても詳しく紹介しています。

また、事例は違うとしても考え方と行動は他の事例にも当てはまるはずです。具体的に申しますと私の場合は、田舎暮らしを計画しています。そのための準備内容として、ダイビングや、船舶の免許の話が出てきます。

私の知人に、定年後は人形師の道へ進む計画を立てている人がいます。この場合、準備すべき事は、文化的観点での歴史の勉強、日本における実態調査、評価眼の養成、師事する師匠の選択などになるのでしょうか。

場所は静かなところが良いでしょうから、その選定作業もありそうです。

このように、分野によって、準備すべき内容は異なりますが、錯覚を改め、発想を変え、計画、設計をする事及び準備を開始する時期などはかなり共通しているはずです。

第二章　社会構造の確認

これからの説明の都合上、まえがきで述べた想定読者層が属している社会の構造を確認します。私が捉えている構造を、パロディ風に図2—1に示します。

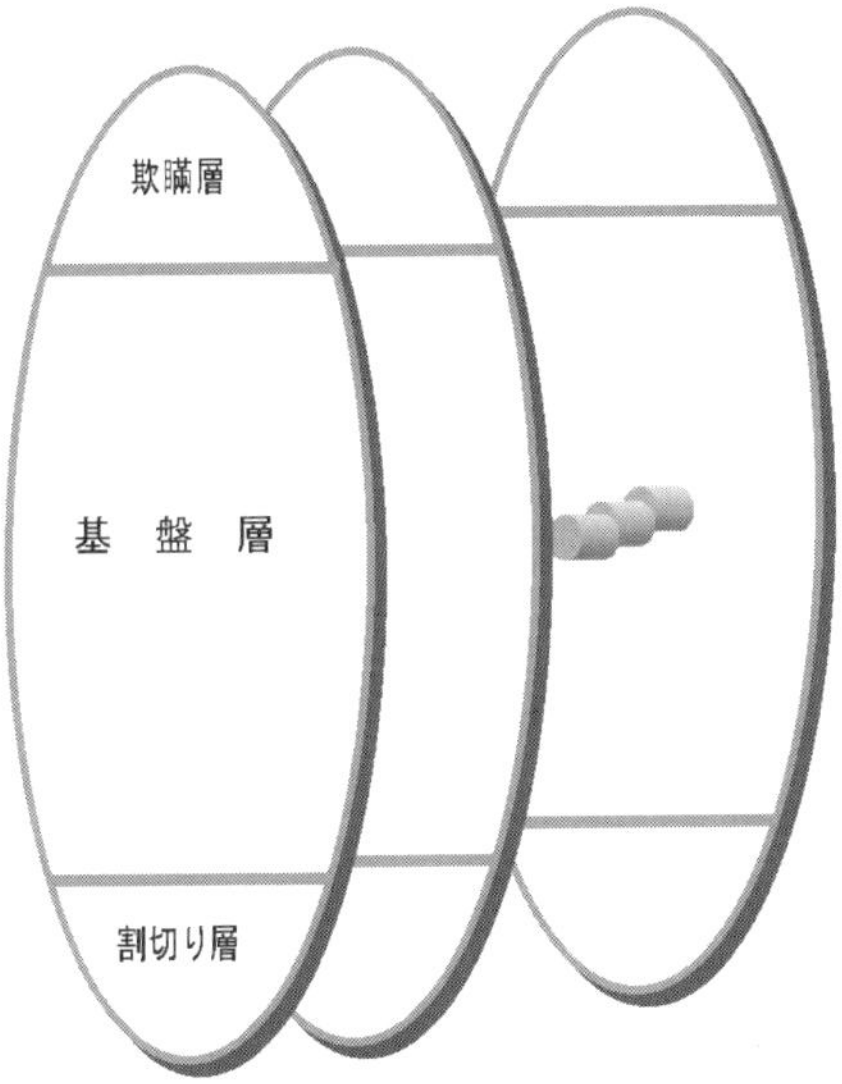

この構成が各業種，各組織の数だけある。

図　2－1　社会構造の断面図

図中の各層について説明します。

まず、図2―1の欺瞞層についてですが、この層は、社会的に成功した一握りのグループです。その中でも様々なケースに分かれると思います。

例えば

＊当該企業の業務に対する能力があり、実績も上げ、なるべくしてなったタイプ

＊能力はあるが、実際はあまり会社に貢献していない。しかし世渡りがうまく、上司の質問には的確に応え、会議等では正論を吐くため認められたタイプ、このタイプはさしずめ**企業内パラサイト**とでも言うのでしょうか。

＊能力はないがコネの力でのし上がったタイプ等々。

この層は、破綻した銀行トップの行状、退職金騒動やら、どこかの県警本部長の事件、最近では欠陥車騒ぎでの対応、食品衛生問題での対応などからも分かるように、危機管理も含めた本当の能力はなく、且つ、人間的には利己的で自己保身に邁進し、大いに問題があるにもかかわらず、頭の回転が早く押しが強いためトップまで上り詰めたような人物が多い。そこでやや皮肉を込めて欺瞞層と名付ける事にしました。

いずれにしても組織の構成上、ある程度の定数があるため、全員がこの層に行く事は不可能です。

次に基盤層ですが、この層は絶対数も多く真に社会を支えている層です。

この層の人々は

＊当該企業の業務に対する能力はあるが、上司、仕事に恵まれなかったり、世渡りが下手で欺瞞層に行けなかったタイプ

＊当該企業の業務に対する能力もあり実績もあるが、定数の関係で欺瞞層に行けなかったタイプ

＊元々このポジションがベストなタイプ

＊企業内パラサイト等、様々です。

人間的には、欺瞞層に近い人もいれば、いわゆる「お人好し」タイプもいますが、割合からすれば後者のタイプが多く、絶対数も多いため、人間性から言っても社会を良い方向に向けている立役者と言えます。

諸々の意味で、社会の基盤を形成している層と考え、基盤層と呼ぶ事にします。

最後の割り切り層ですが、この層には次のような人が属します。

＊当該企業の業務に向かない事を、本人も自覚しているが、職を変えるまでもないと達観しているタイプ。このタイプは人間的にもユニークで豊かな発想と創造力があり、自分の世界を持ち、粋な生き方をしている人も多い。

＊全てに運が悪いタイプ

いずれにしても、この層は仕事を人生の目的ではなく、手段として捉えているため、定年後路頭に迷うような事はあり得ません。人生をトータルで見た場合、最も幸せな人生を送っている層かもしれません。

それでは社会構造の話はこれくらいにして、本題に入ります。

第三章　人生って何だろう？

我々は、突然人間として生まれ生活しています。この宇宙の、悠久の時の流れの中で、ごく自然に発生した事でしょうが、自分にとっては突然です。

ここでは、人生とは何か、そしてその目的は何か、について一風変わった捉え方を御紹介します。

人生とは何？

宇宙が誕生し、地球上に生命が生まれ、それが進化して行き……と色々あったのでしょうが、とにかくこの地球上では、人間社会が形成されています。

では、宇宙誕生の前は何だったのだろう、宇宙の外はどうなっているんだろう、という空想、妄想はここでは議論しません。切りがないからではなく、私が良く分からないからです。

ところで、宇宙が誕生してから約百五十億年と言われていましたが、また分からなくなっているようですね。ハッブル望遠鏡の情報からは、百二十億年から百四十億年の範囲らしいという事です。……脱線してしまいましたが。

この人間社会で、人間として生まれ生きているわけですが、大きな意味では使命も目的もあるわけがない。元々生命が誕生した事自体不思議な事であり、そういう使命なり目的なりを与えている絶対的な何かがあるはずがないのです。

みんな、自分の意思で生まれたわけでもなく、突然生まれてしまったから、生きているわけです。そして、この人間という動物は、さまざまな感情を持ち合わせています。

楽しい、苦しい、辛い、悲しい、嬉しい、美味しい、感動、感激等、幸か不幸か多くの感受性を持っています。で、生きるからには、少々俗っぽい表現になりますが、苦しい、辛い、悲しい……といった「イヤな事、面白くない事」つまりマイナス要素はできるだけ少なく、感動したり、美味い、気持ちいいと感じるなど、「楽しい事、嬉しい事」つまりプラス要素はできるだけ多い方が好いわけです。

たぶん、大昔から人間は意識してか無意識かは別として、このような考えで一致しておりその背景のもと、様々な行動をしてきたのだと思います。

世の中の様々な現象、例えば戦争、勢力争い、芸術、科学技術等々全て、「プラス要素」を多くしようとする事が根源のはずです。

問題は、自分にとってのプラス要素が他人にとってマイナスになる場合がある事、つまり相互に関連した事象の場合、一方的に自分のためだけに、「プラス要素」を追求するわけにはいかない事です。

人間はその事を十分承知しており、そうならないように様々なルールを作り、社会を形成しています。

また、逆に他人に対し、「プラス要素」が増えるような事をする人は、色々な形で褒め称え、積極的にそうしたくなるような仕掛けを作っています。つまり「プラス要素」と「マイナス要素」の両面をカバーする仕掛けを作っているわけです。

ただ、その仕掛けは万能ではなく、汚職、収賄から殺人等の犯罪や戦争など、恐らくその人の人生を決定づけてしまうような悲劇を生む「マイナス要素」が発生したりもします。

その悲劇を防ぐ、あるいは少しでも少なくするための議論は、とてつもなく大きな意味を持ち、価値あるものです。その分野の専門家には是非頑張って頂きたいと思います。

そろそろ、私が何を言いたいかがお分かりになったのではないでしょうか。そう、人生はただ一つ、**「お互いに、自分の心にとっての『プラス要素』をできるだけ多くする」**事を目的として生きて行けば良いんではないでしょうか？　きわめてシンプルな結論だと思いませんか？

そんなの当たり前、分かりきっている事だと思っている方、本当にこの意味を理解しているか良く考えてみてください。この言葉の中に本当に理解して頂きたい事が二つ隠れています。

まず、一番目は「お互いに」の意味です。

お互いとは、家族の事でもなく、会社の同僚の事でもなく、日本人全体の事でもありません。地球上の全人類を指しています。

とりあえず、一人の力がそんなに影響を及ぼすような事は少ないとは思いますが、意識しているのといないのとでは大違い。

二番目は「プラス要素」の本当の意味です。「プラス要素」を多くする「手段」は簡単なものではありません。とかく、自分にとってのプラス面が、周囲の人にとってマイナス要素となる事が多かったり、「プラス要素」を多くするためには「マイナス要素」も取り込まなければならない時期があったり。受験勉強などはその典型です。

これらを正しく把握し、判断する事は、基本的な事として重要ですが、その判断と行動から導かれる結果を、どのように受け止めるかも非常に大切です。具体的には、期待する結果が得られなかった場合の気持ちの持ちよう、対応の仕方になりますが、むしろこれが一番大切な事かもしれません。何故なら、すべての事象は最終的には心で受け止めているわけで、受け止め方、捉え方が違えば「プラス」も「マイナス」になりますし、その逆もあり得ます。ここは重要なファクターですので、例え話でもう少し具体的に説明します。

世に億万長者は数多い。割合からすればコンマ数パーセント、或いはもっと少ない割合でも絶対数では大変な数です。例えば、一万人に一人の割合でも世界の全人口は約六〇億人ですから、地球上には約六〇万人いる事になります。

その人たちは時間も、お金も、異性も自由になり、豪華なクルーザーを持ち、F1モナコグランプリなる代物を海から見学し、フェラーリやランボルギーニを操り、人々を招いて頻繁にパーティをやり、好きな所へ好きな時に出かけ、大いに満足する人生を送っている事でしょう。豪華なクルーザーには機関士や料理長、身の周りの世話をするメイドもいます。

しかしよく考えてみてください。このような楽しい時間も最終的には心で受け止めるものです。医学的には脳という事になるのでしょうか。

ここでは、敢えて心という事にします。この際、心とは何かと言う格調高い議論は無しです。そう、貴方が受け取った、一般的な意味で言っています。それ以上でも、それ以下でもありません。

話を少し現実に戻し、例えばリストラの言葉が気になり、知らず知らずのうちに暗くなっていたり、駅の階段で転んでスネを強打しイテーッ！と感じたり、好きな歌をカラオケで歌って、多くの拍手を貰い良い気分になったり、これ全て心で感じているわけです。

人間の五感から入力される情報は、今流に言えばハードとソフトに分けられると思います。例えば、スネを強打して、飛び上がるように痛いと感じる事や、料理をうまいと感じるような、直接身体の五感で感じる事をハードと言う事にします。

また、失恋して落ち込んだり、競馬で大穴を当ててハッピーな気になったり、何かを誉められて良い気分になったり（それがおだてでも結構良い気分になりますが）、などはさしずめソフトでしょう。絵を見て、音楽を聴いて感動するのはハードとソフトの複合でしょうか？

しかし、このようなハードの入力もソフトの入力も最終的には、心で受け止めているわけです。という事は、受け止める心が、その情報をどう処理するかで、その人にとってきわめて楽しい事になったり、悲しい事になったり、苦しい事になったりと、大きく違ってくる事になります。

続けますが、例えば失恋したとします。その時、「俺にとって彼女は世界に二人といないかけがえのない理想の女性だった、今後二度と、彼女の穴を埋めるような女性は現れないだろう、俺の人生は終わったも同然だ」とくよくよ考え、落ち込むタイプと、「今は彼女以外の女性なんてあり得ないと思っているが、人の心は痘痕《あばた》も笑窪《えくぼ》の状態になるし、人の噂も七五日と言うように、人間は忘れたくなくても忘れる動物だし、早い話、世の中無常だし、自分の心も当然無常だから、そのうちこの苦しさは薄れるだろう。世の中広いし、次の人を探す楽しみができたと思えばいいじゃないか」と考えを切り替える人では大きく違ってきます。

また、何か夢を持って事に望み、たとえ実現できなくても、楽観的に夢を見ている瞬間は、最終的に心で感じ取るものという意味では殆ど等価です。問題は、それが実現しなかったときの受け止め方だと思います。

では、「プラス要素の本当の意味」についてまとめます。

①常に夢を持つ事。夢を愉しむ時間は、心の中では夢が実現した事と等価である。

②事象の受け止め方を変える。世の中に存在するものや事象の中には必ず良いところ、有益な事が含まれている。したがって、結果の中から自分にとって都合のよい部分だけを取り出し活用する。

③周囲に惑わされず、影響されない自分自身の価値観を持つ。

ここまで書いてきて面白い事に気付きました。我々は人（自分の子供もしかり）を評価したり指導するとき、人間には必ずいいところがある。そこを評価し、伸ばす事が大切であるとよく言います。

②で言う「世の中に存在するものや事象の中には必ず良いところ、有益な事が含まれている」という部分は、この、人に関する言葉も包含していると見る事もできます。

つまり、世の中の森羅万象には必ず「良いところ」があるという真理が成り立ち、その「良いところ」を受信する能力を育てる事が大切であると言えそうです。

関連して、好き嫌いの話をします。食べ物、遊び、人、芸術、スポーツなど世の中の諸々の事象に対し、あれは嫌い、これは嫌いとよくいう人がいます。これは自分に入力されている「プラス要素」を受信する能力が育っていないと解釈する事ができますが、その分人生の幅が狭まり、小さな人生を送っているかわいそうな人と言う事もできるでしょう。

世の中の森羅万象に対し、「良いところ」の受信能力（理解力、感受性）を育て、「プラス要素」をできるだけ多く受け止め、吸収し、幅のある人生にしたいものです。

以上が、「プラス要素」を多くするというテーマでお伝えしたかった内容です。

私の場合も、まさに判断ミスがあったり、期待通りの成果が上がらなかったりが人並み（以上？）にあります。しかし、人生を時間軸も含めた立方体で捉え、判断し、多くの事に興味を持ち、参加し、細部の「マイナス要素」は考え方を変える事により、楽しい人生を送っています。

単に「今」を生きるのではなく、人生を大きく捉え、全体像を描き、その中で「今」を生きる事がきわめて重要なファクターであると思っています。

そこで、次の章から、人生を全体的に捉える事、それに伴う具体的な行動、細部の「マイナス要素」に対する頭の切り替え、「プラス要素」を多くする工夫の具体例を紹介していきます。

第四章　人生を豊かにするための三つの要素

これまでの章で、幸せな人生とは「自分の心にとってのプラス要素をできるだけ多くする」事であるという結論を述べました。これをこれから、「幸せの素」と呼ぶ事にします。では、それを得るための、つまり自分の人生の中でいかに「幸せの素」の時間の割合を多くするかについて、以下に説明します。

我々の人生を取り巻く要素、愉しく豊かにする要素としては多くの事が考えられますが、少し体系的に整理してみますと大きく三つに分類されるようです。具体的には、

①心身の健康
②欲求の満足
③生き甲斐の獲得

の三つです。ここでは、その三要素について説明していきます。

一　基本的要素―心身の健康―

生き甲斐の獲得、各種欲求の満足を得るためには、心身とも健康である事が基本中の基本です。これが不安定な状態では、人生を愉しむどころではありません。そして、この心と身体は御存知の様に実に密接に関係しています。これらの関係を図にしてみました。

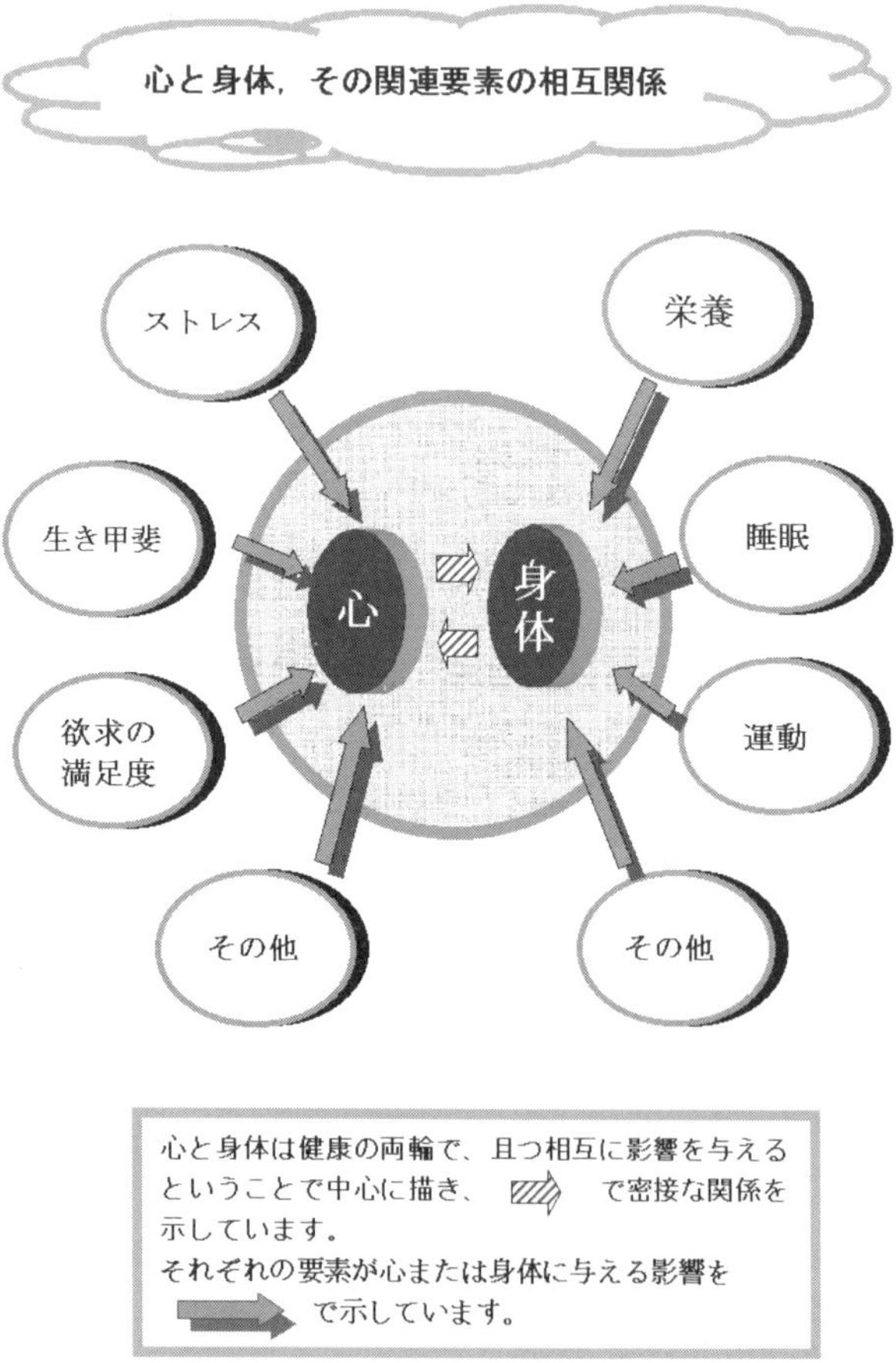
心と身体，その関連要素の相互関係
ストレス
栄養
生き甲斐
睡眠
心
身体
欲求の満足度
運動
その他
その他
心と身体は健康の両輪で、且つ相互に影響を与えるということで中心に描き、で密接な関係を示しています。
それぞれの要素が心または身体に与える影響をで示しています。

常日頃、この事を心掛け、まず人生を楽しむための基盤作りが必要です。

そして、どうせなら楽しみながらやりたいものです。心の健康を獲得し、維持するための情報は巷に溢れています。それだけ皆さん関心が深いという事でしょう。

心も身体も、人それぞれですから、方法も千差万別です。自分にあった方法を採用すれば良いのです。

ところで、恐らく全ての人に共通する要素として、一つだけ申し上げたい事があります。それは、この様な**情報に多いに騙されましょう**という事です。言い替えれば、信ずるという事です。実は、これが普遍的で一番大切な事かも知れません。

動物は変化し、進化します。そのメカニズムは良く分かっていませんが、こうなりたいと思う事が、そうさせているのははっきりしています。

例えば、擬態というものがあります。落ち葉にそっくりの虫、花にそっくりの蟷螂《かまきり》、海草にそっくりのタツノオトシゴ、毒のある蝶の紋様をまねて鳥から見を守る蝶、等々。これらは、こうなりたいと思う事が実現している典型的な例です。そして、時間的には、比較的短期間に進化していきます。思う事が大きく影響する事は、このような事例からも、疑いようのない事実です。したがって、どの方法を採用するにしても、それを信じて行う事が大切。疑問を持ちながら行なっていたのでは、効果は半減します。

二　人間として持っている欲求　―マズロー博士欲求五段階説―

私は今まで、学術的な多くの知識をもとに、自らの哲学を確立し、それに従って行動してきた……わけではありません。

平均的企業人という、ある意味で**大きな制約**の中で、自分に忠実に、自分の心の赴くままに生きているわけですが、過去を振り返り、現在を見つめ、今後の夢を分析してみますと、どうも私の行動は「マズローの欲求五段階説」に良く当てはまっている事が分かってきました。心理学者が、人間の欲求について分析した内容に、悔しいけれども良く当てはまっているわけですが、これはとりもなおさず、私は平均的な欲求の持ち主であるという証でもあります。御存知の方もいらっしゃると思いますが、この「マズローの欲求五段階説」について、簡単に説明しておきます。

マズローの欲求五段階説とは、アメリカの著名な心理学者マズローが、長期に渡る臨床実験データをもとに提唱した人間の欲求段階理論で、欲求の間には段階（階層）があり、低次元の欲求が充足されると、より高次の欲求が顕在化してくるというものです。

具体的には、人間の欲求は次の図の順に進展し顕在化してくるとあります。

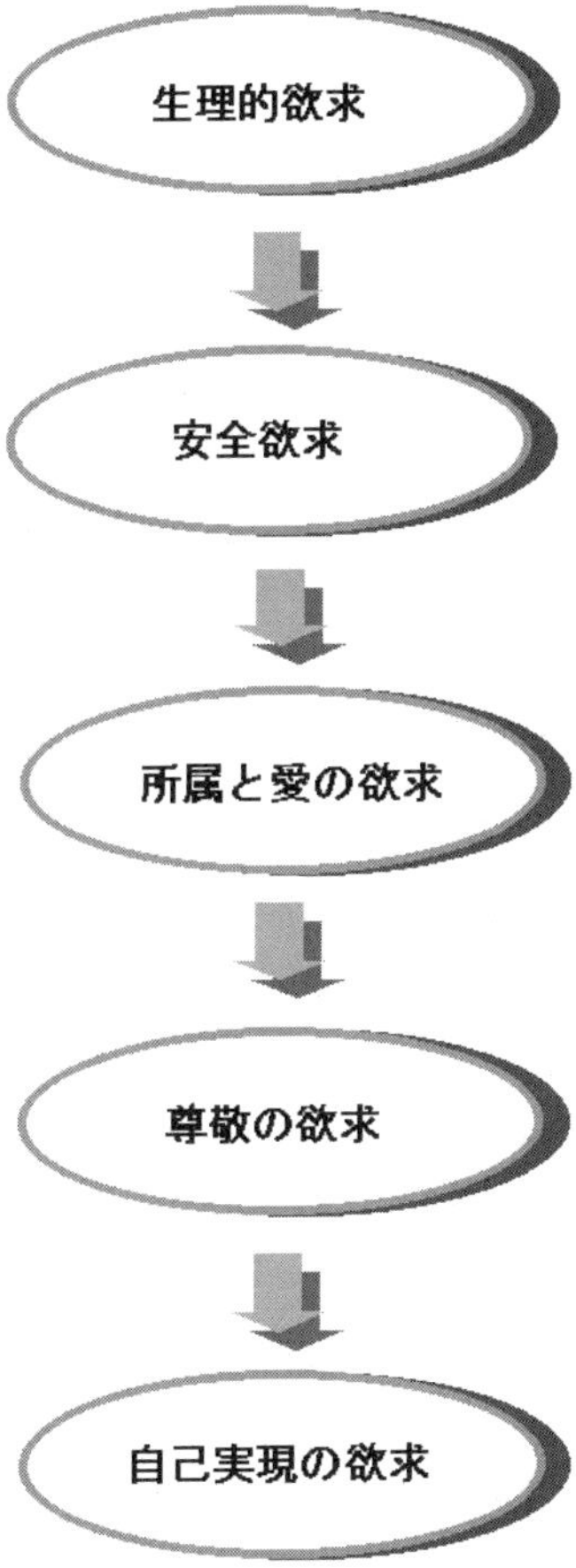

以下に、各欲求について説明します。

①生理的欲求

生理的に不可欠な欲求。飢えをしのぎたい、雨露をしのぎたいといった欲求をさす。

②安全欲求

安全でいたいという欲求。恐れや苦痛、不快といったものから身を守りたいとする欲求。

③所属と愛の欲求

集団の内に帰属したり、愛情、性的満足に関する欲求。

④他者による尊敬の欲求

人から尊敬してもらいたいとする欲求。さらにまた、自尊心と関係した欲求。

⑤ 自己実現欲求

自分らしさを表したい、示したいという欲求。自分らしさの実現、自己達成と関係した欲求。

ところで、①～④の欲求については、すぐに具体的なイメージも沸きますが、⑤の自己実現の欲求という言葉の具体的イメージがなかなか沸いてきません。少し理解を深めるために「実例　心理学事典　著者　フランク・J・ブルノー　訳者　安田一郎　青土社」に記載されている内容を紹介しておきます。

『**自己実現**

【定義】自己実現とは、自分の才能や、潜在能力を最大限に発揮しようという先天的な傾向と仮定されている。

【実例】ポーラは、自分は創造的な著述家としての才能があると信じている。彼女は著述家になるための雑誌を読み、創造的著述という講義を聞き、小説を書き、それを近い将来にいくつかの出版社にもって行こうというはっきりした計画を立てた。

一般的に言って、彼女は、今自分は自分の生涯と機会の大部分を作っていると感じているし、自分のゴールを目指して努力していると感じている。ここに述べた行動のインスピレーションは、ポーラの内部から来たもので、他人の忠告や示唆に対する反応ではない。ポーラは、自己実現への強い傾向を示していると言う事ができる。

【関連事項】自己実現という概念の最初の提唱者は、エイブラハム・マズローであった。彼は一部は、クルト・ゴールドシュタイン（１８７８〜１９６５）の著作と研究からインスピレーションを受けた。ゴールドシュタインは、脳損傷のある人の行動が完全性への強い傾向をもっている事を発見した。

マズローによると、自己実現は人間の動機のはしごでは非常に高くにあり、生物学的動因、好奇心、安全への欲求、愛情欲求さえより上にある。マズローは、人間のたいていの欲求は**不足欲求**であり、それらの欲求が存在しているのは、欠如のためだといった。ところが、自己実現は、**存在欲求**、つまり存在しているプラスかマイナスの力を満足させようという欲求だと言われている。

自己実現は先天的な傾向と考えられているとはいえ、マズローによると、それはまた弱い傾向である。それは心の中のささやきか、静かな声のようなものだ。それゆえ、このささやきか、静かな声に敏感になる事は、その人には有利である。

マズローは、自己実現の欲求が満たされないと、慢性の抑うつ状態になる事があると書いている。』

要するに、最終的には自分の能力、才能を最も発揮できるものについて、その限界を追求していきたいという欲求が出てくる事をいっているようです。

さらに、関連する言葉として、次のような説明がされています。

『**至高体験**

【定義】至高体験とは、喜び、恍惚、あるいはこれに似たプラスの情緒が心に大きくこみ上げてくるのを感じる人生の高い点である。

【実例】一人の親が、学齢期前の子供がはじめて歩くのを見守っている。突如その親は、人間の生命の発生は途切れる事のない長い連鎖をなしているという考えに打たれて、圧倒される。この子や、将来生まれるかもしれない孫や、未来の世代との強い同一視感を感じる。大きな陶酔感がその親の全存在を満たす。

その経験は短いが、その意味はずっと失われず、その親の一生を通じて思い出される。

【関連事項】至高体験という概念は、自己実現というもっと一般的な概念と結びつけてエイブラハム・マズローによって提唱された。マズローの仮説は、自己実現している人はそうでない人より自発的に至高体験を持つ事がいくらか多いらしいという事だった。

至高体験はまさしくピークである。山の頂上に登るように、人は長くそこにとどまらない。

これに似て、至高体験は、そのほかならぬ性質のために、その持続時間は短い。マズローは、われわれはずっと至福の状態や陶酔の状態にあり得ないといった。』

この欲求五段階理論によりますと、人間は、よりベーシックな欲求が満足させられれば次の欲求段階にいく事になっています。「衣食足りて礼節を知る」という言葉もこの理論の一面を言い表していると思います。おもしろい事に、逆戻りの場合も、まったく同じルートをたどるようです。

マズローは、この五つの欲求は並列ではなく直列、つまり低次の欲求が満たされないと次の欲求は出てこないといっているのですが、私はある段階の欲求が全て満足されなくても次の段階には行けるように思っています。個人差があるとは思いますが。

例えば、尊敬の欲求は満たされなくても自己実現の欲求は追求できるはずです。

従って我々は、マクロ的にはより下位の欲求層が満たされて初めて、次の欲求層に行くという段階説に間違いはないと思われますがミクロには、程度の差こそあれ、それぞれの欲求段階のある部分が満たされなくても次の欲求段階の何かに取り掛かれるし、そうしているケースもあると思います。

これから述べる内容は、このような前提を置いている事を御理解下さい。

私の場合に当てはめて見ますと、①、②はかなりのウェイトで満たされる必要がありますが、③は愛と性のキーワードがあれば後はあまり必要性を感じません。④はほとんど興味がないような精神状態になっています。

どうしてそのような精神状態になったかを自己分析してみますと、やはり、人生の全体設計を意識し、それぞれの階層の時間的、精神的影響度を掘り下げ、評価し始めたことが、そうさせているようです。

そして、いまは⑤のウェイトが最大領域を占めています。

三　愉しみ、歓び、生きる力を与えてくれるもの　―生き甲斐の獲得―

これまで述べたような心身の健康と欲求の満足があれば楽しい、豊かな人生を送れるのかというとそう単純な問題でもありません。

欲求というのは、自己実現の説明にあるような不足欲求だろうが存在欲求だろうが、本能として持っているような響きがあります。一方、スポーツ、ゲーム、映画等の娯楽、各種の趣味等はそれとは違った世界と思われます。もっとも、趣味の世界の中には、自己実現と共通するものもありそうです。

これらは、本能的欲求、潜在意識の中にある人間としての欲求とは趣が異なり、付加価値的要素が強いものです。そして、この付加価値的要素が占める割合を大きくする事が、「幸せの素」を獲得する上での必須条件と思われます。

この類《たぐい》の愉しみからは、時として大きな感動が得られます。感動する事は、生きる力を与えてくれます。大きな生き甲斐としてこうした趣味を薦めている人は大勢いますし、私も、そのように考える一人です。

四　三つの要素の相互関係

この三要素（①心身の健康　②欲求の満足　③生き甲斐の獲得）を意識し、それぞれの要素に対し、自分は何を選択すれば良いかよく考え、実行していく事が、「幸せの素」の獲得に必須のようです。

そして、この三つの要素はそれぞれ独立しているものもありますが、相互に影響し合っているものもあります。例えばこの欲求なり生き甲斐となるものを十分満足させ、愉しい人生とするためにはなんといっても心身の健康が基本中の基本です。

欲求が満たされれば、その上位の欲求が顕在化するだけでなく、生き甲斐に相当するものへの興味も沸いてきます。そして、愉しみが多くなると、その愉しみの中から、五つの欲求階層の中のどれかを満たしてくれるものが出てきます。

もっとも、自分の才能が発揮できるものを発見するか、めぐり合えれば、人より優れている可能性が高く、他者による尊敬の欲求が満たされる場合もあります。

生き甲斐となるものに接したり、欲求が満たされると、脳内モルヒネが分泌され、心身の健康に役立ちます。

三つの要素間の関係は、それぞれがレベルアップすれば相乗効果で全体がレベルアップし、レベルダウンすれば、お互いに悪影響を及ぼし合い、レベルダウンに拍車がかかるという性質があるのです。したがって、この三つの要素をキチンと認識し、それぞれを大切に育てていく事が大切です。

これらの関係を、次ページに示します。

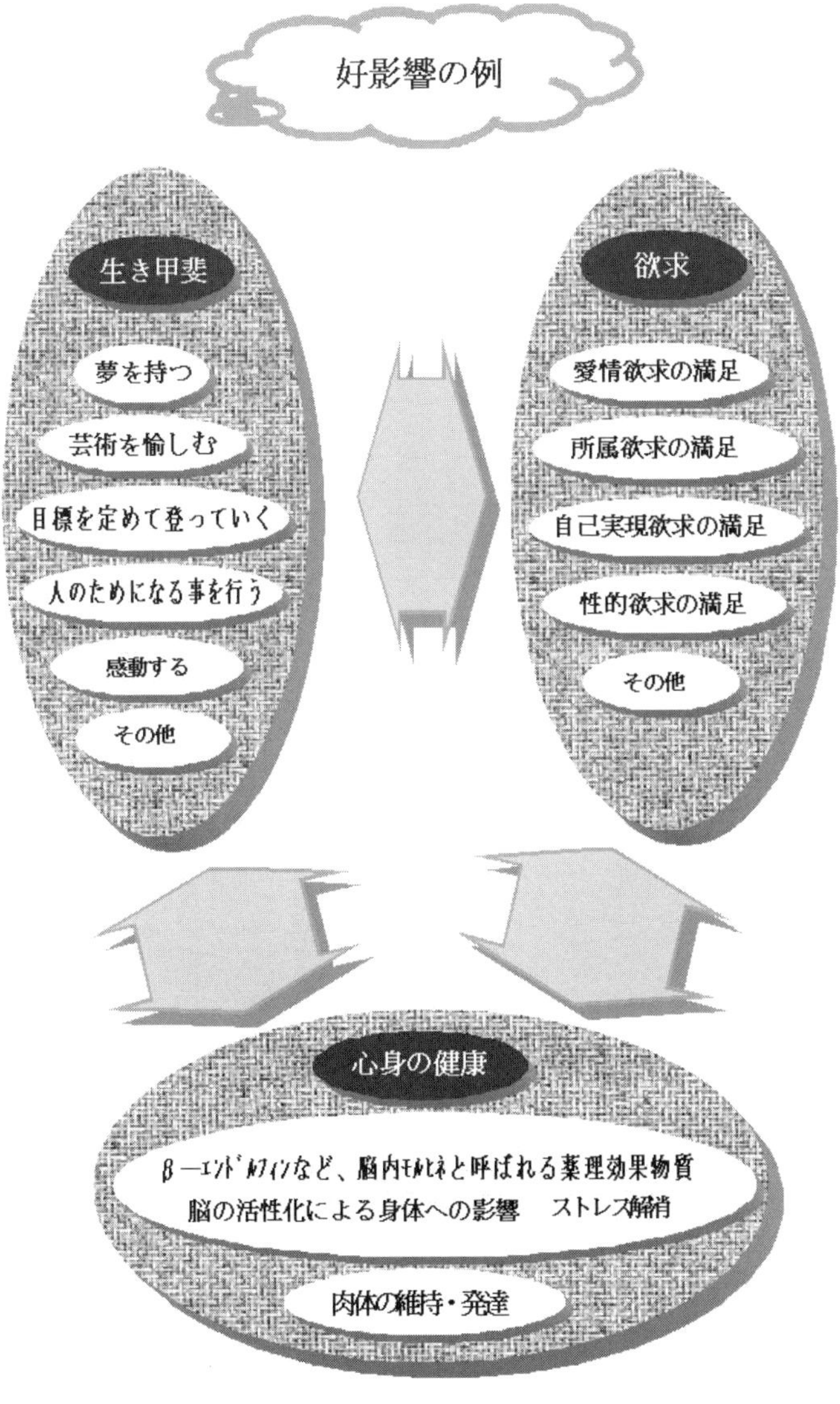
好影響の例
生き甲斐
夢を持つ
芸術を愉しむ
目標を定めて登っていく
人のためになる事を行う
感動する
その他
欲求
愛情欲求の満足
所属欲求の満足
自己実現欲求の満足
性的欲求の満足
その他
心身の健康
β―エンドルフィンなど、脳内モルヒネと呼ばれる薬理効果物質
脳の活性化による身体への影響　ストレス解消
肉体の維持・発達

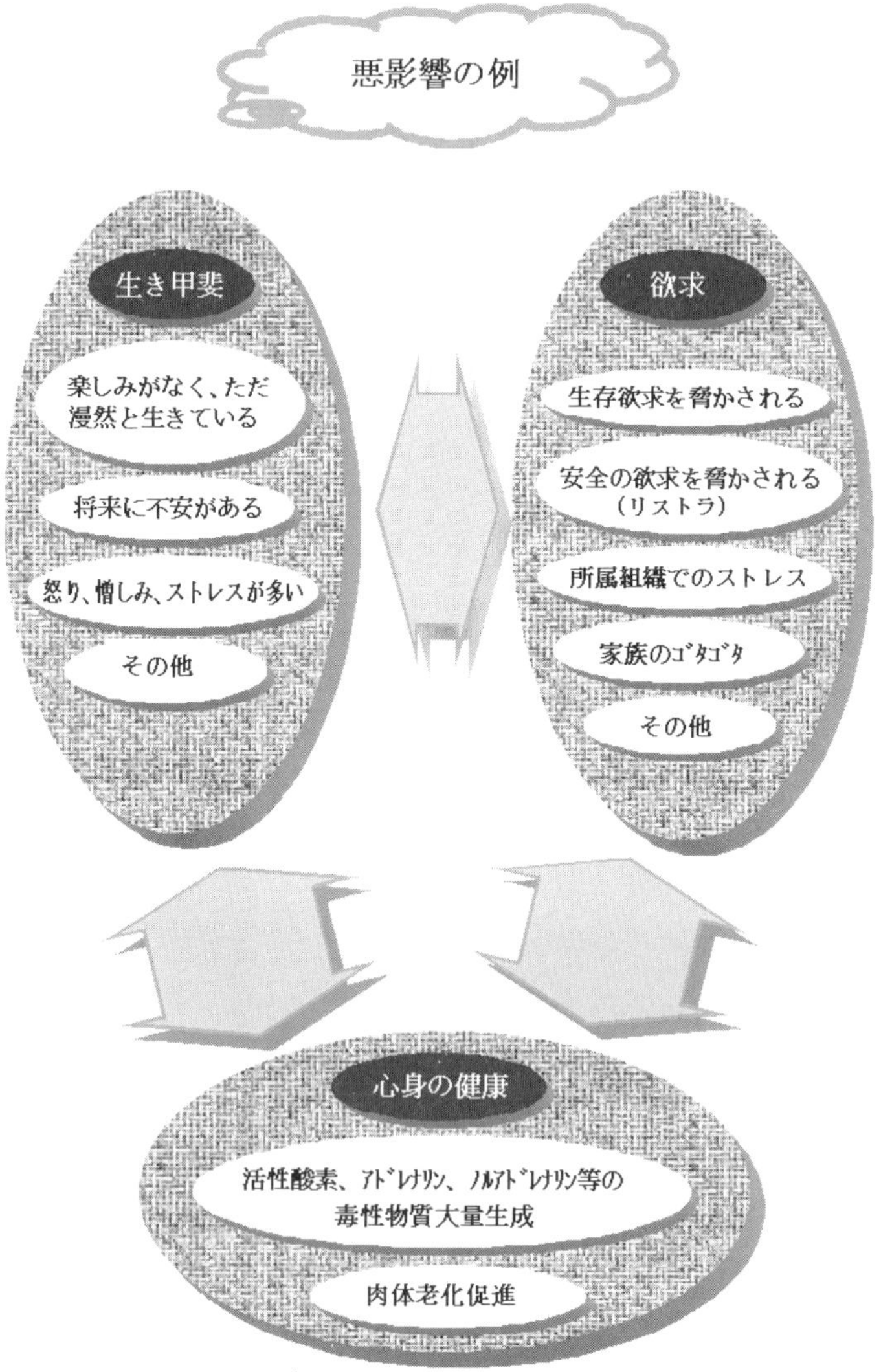
悪影響の例
生き甲斐
楽しみがなく、ただ漫然と生きている
将来に不安がある
怒り、憎しみ、ストレスが多い
その他
欲求
生存欲求を脅かされる
安全の欲求を脅かされる（リストラ）
所属組織でのストレス
家族のゴタゴタ
その他
心身の健康
活性酸素、アドレナリン、ノルアドレナリン等の毒性物質大量生成
肉体老化促進

第五章　三要素に関する私の考え、実践

「幸せの素」には、三つの要素が考えられるわけですが、この章では、それぞれの要素について、私の考え方及び行動をご紹介して行きます。

一　第一要素　心身の健康法

私は今、心身ともに健康です。お酒を飲んでハイになれば、二次会、三次会も平気。深夜三時頃まで飲んでいても、朝七時に起きて会社に行く事ができます。

今後の人生に対し、積極的に取り組むエネルギーも、十分過ぎるほど沸いています。つまり、心身の健康について、私のやり方で、りっぱに成果が上がっていますので、参考までにここで御紹介する次第です。

健康については専門書も数多くあり、雑誌等にも頻繁に記事が出ていますので、一個人の事例など聞かなくてもいいと思われる方は、読み飛ばしてください。

健康と言う代物は、心の問題が大きく影響するため、何が良くて、何が悪いとは一概には言

えないと思います。肉体面、精神面とも、個人差がある訳ですから、心の万能薬、身体の万能薬と言うものはあり得ないでしょう。

しかし、我々は、「人間」と言う共通項がありますので、七～八割の人には効果があるものもやはり存在するはずです。

昔から、身体にいいと言い伝えられているもの、世の中に常識として広まっているものなどは、大部分の人に、効果があるものだと思われます。

私は、この「**昔から、身体にいいと言い伝えられているもの及び、世の中に常識として広まっているもの**」を信じて実践するようにしています。何の変哲もない、きわめて単純な素直な方法ですが、結果が出ています。因果関係の証明などとてもできませんが、とにかく健康という結果が出ているのです。

もっとも、この世界は、因果関係といってもなかなか難しいようです。健康のための万能薬みたいに認められ、普及していた牛乳でさえも、最近は「？？？」になっています。

なんでも、牛乳（母乳も同じ）は、もともと幼児期用のものなので、成人にとっては悪い成分が含まれており、マイナス面もあるとの事。そんな事が、何故今ごろと思ってしまいます。

それでは、以下実践例です。

(1)心の健康法

最近の脳の研究で、いわゆる「病は気から」、「笑う角には福来る」と言った言葉の正しさが科学的に証明されたそうです。

人間は、良い気分になれば麻薬と殆ど同じ分子構造を持つホルモン物質（β―エンドルフィンを中心とした約二十種のホルモン）、いわゆる脳内モルヒネなるものが分泌されるとの事。そして、この物質は免疫力を高め、成人病を予防するという、何とも都合の良い働きがある。一方、怒ったり、緊張したり、悩んだり、恐怖を感じたりすると、アドレナリンや、ノルアドレナリンと言う物質が分泌され、適量を超えると、免疫力を破壊し、癌などの成人病の原因を作り、老化も促進されます。また、活性酸素という毒性物質があって、これも、アドレナリン、ノルアドレナリン等の分泌により発生が促進されます。

活性酸素は細胞膜を破壊し、病気の九十％はこの大量発生が原因とも言われるような毒物で、発生防止に努める事は大変意味のある事のようです。

良い気分でいれば身体にもよく、怒ったり、悩んだりすれば身体にも悪いとなればこれはもう、「いつもいい気分でいるにはどうすれば良いか」、を考え実践するしかありません。

なにしろ、これも一石（楽しい、気持ち良い、嬉しい事）が二鳥（からだの健康まで手に入る）なのです。これが真実だとすれば対応には両面作戦が必要です。つまり、脳内モルヒネを出す工夫とノルアドレナリンを多量に出さない工夫です。

まず、脳内モルヒネを出す工夫ですが、楽しく、良い気分になれば分泌されるのですから、やはり、夢を持ち、夢を愉しむ事、生き甲斐に値するものを見つける事、大いに遊び、大いに笑う事が一番効果的だと思われます。

この件に関し、私が取り入れている具体的な方法は「第五章　二」と「第五章　三」及び「第七章　第二ステージの設計内容」で紹介しています。私にとっては、この内容が脳内モルヒネを十分に出している原因だと想定しています。

次に、ノルアドレナリンを出さない工夫ですが、これに対し、一番効果があるのは、プラス思考（発想）と言われるものです。プラス思考とは、全ての事象を肯定的に捉える事ですが、表5―1に、我々の世界で関係が深いと思われるものを中心に、事例を挙げてみました。

表　5－1　プラス思考とマイナス思考の例

項／番	事　象	プラス思考	マイナス思考
1	リストラ勧告	最期まで頑張る。どうせ、 なるようにしかならない。	これから、どうしよう。 家族になんというか。
2	遠まわしの いやみ／皮肉	我慢一回24万（後述）。 世の中、無常、長くは続かない。	とても耐えられない。
3	交通事故を 起こした	人間でなくて良かった。 ノウハウが蓄積された。	あそこでこうしていれば 起きなかったのに。
4	通勤時間が長い	足腰の鍛錬になる。 眠れる、本を読める。	通勤だけで疲れてしまう。
5	ラッシュが きつい	人生模様が観察できる。	汗臭い、空気が汚い、 服がしわくちゃになる。
6	恋人にふられた	また次の人を捜す楽しみが できた。	オレの人生は終わった。 2度とあのような人は 現れないだろう。
7	お金がない	金があると、糖尿病になったり ろくなことはない。	何故オレは、運が悪いのか。
8	年金の先行き	これから、シルバー世代が 増えるのだから、政策的な手が 打たれるはず。	子どもに食わせてもらい たくないが、どうしよう。
9	失敗した	いい経験をした。次に生かそう。	こうしたら良かった、 ああすれば良かったと くよくよ考える。
10	二日酔い	ストレスが解消した。	会社に行って大丈夫 だろうか。
11	人事評価が 気に入らない	確率の問題さ。 いずれ良い時も来る。	運が悪い。 オレだけどうして？
12	周りは変な やつばかり	十人十色。 人間色々さ。 何処に行っても同じ。	いい人がいるところへ 行きたい。
13	仕事が、 与えられない	こんな楽なことはない	人目が気になる。 嫌がらせだ。

この例のように、プラス思考をする事により、普通に考えれば悪い材料かもしれない事が、悪い材料で無くなります。そもそも仕事は多くの人にとって必要悪の面もあり、かつ、経済問題も絡んできます。その性格上、生き甲斐になり得る可能性は決して大きくありません。これについては後で詳しく述べますが、工夫が無ければノルアドレナリン大量製造工場になるのは目に見えています。対策としては発想を変える事、時には、主従を逆転させるぐらいの気持ちが必要なのです。つまり、人生は、夕方から始まり、睡眠を経て朝方終わる。極論ですが、この様に考える事が心の健康に効果的な場合も多いはず。

次のような話があります。

『学校に通い始めた子供に母親が、「ベルが鳴ったら授業が始まり、次にベルが鳴ったら授業が終わるのよ。分かったでしょう。遅れないようにね。」といったら、子供は「お母さん、違うよ、ベルが鳴ったら、休み時間が始まり、次にベルが鳴ったら休み時間が終わるのよ。」と答えたという話がある。』（川北義則著　人生愉しみの見つけ方　ＰＨＰ研究所）

立場が違えば、受け取り方が違うという例えですが、我々も、仕事とそれ以外の時間に関し、時には子供の立場で捉える事も必要でしょう。

心の問題は、肉体的な問題以上に影響が大きいもの。胃に穴があく、一晩で髪が白くなる、円形脱毛症、ショック死等々。また、仕事に絡んだ問題も数多く見掛けます。

例えば、職場に行こうとすると気分が悪くなる、足が動かなくなる、身体の震えが止まらなくなるなどなど。まことにもったいない。これは、**「大いなる錯覚」**によって、仕事＝人生になっているからに他なりません。

この本で主張している事を理解して頂ければ、ノルアドレナリンの防止に多少は効果があると思いますので、この先も我慢して読んでみてください。

⑵身体の健康法

これはもう医学的、物理的な話ですから、心の問題に比べはるかに判り易い訳ですが、東洋医学的な体質改善の事になると難しい。しかし、この考え方、つまり源流主義的考え方は本質を捉えたものだと私は思っています。ところが、因果関係が目に見えないうえに、成果が出るまでに時間も掛かるため、そこに宗教的なものや、俗に言う迷信のようなものが入り込む場合があるのだと思います。

一般論はこれくらいにして、私が取っている肉体的健康法ですが、実は、特別なものは何もありません。強いて上げれば**身近に転がっていないもの、簡単にできないもの、高価なものは**

採用しないという、まったく都合の良い、何の変哲もない方法です。

身近にないもの、簡単にできないものは長続きしませんし、高価なものは金銭的ストレスが発生し、心の健康を害するからです。

ⓐ声を出す

声を出す事は、身体の廃棄物を浄化し、ストレスを解消させる効果があるそうです。

幸い今は、カラオケがブームの粋を脱し、第三次産業における、基盤の一つとして定着しつつあります。これには、迷わず、あれこれ考えず、素直に融け込めば良いでしょう。

ⓑ頭を使う

使う頭があるのかと言われそうですが、良い悪いは別として、私にも一応あります。

どこかの国の首相のように、サメの脳みそと言われた事もありません。脳細胞は、二五歳から破壊が始まるそうですが、脳と言っても体の一部ですから、使わなければ退化が加速され、使えば、維持され、相対的には発達する可能性さえあるはずです。悪くても、退化のスピードを鈍らせるぐらいの効果はあるでしょう。

全ての事象は最終的には脳で感ずるわけですから、脳が退化したのでは生きている意味も半減します。仕事で頭を使うのも、ノルアドレナリンや活性酸素を発生させないように使うのであれば結構。しかし、仕事は定年後は無くなるのです。

したがって、仕事以外でも頭を使う事を考えておかなければなりません。

定年をリタイアと捉えず、**第二ステージ**と捉える生き方をすれば、その中で常に頭を使う事が発生します。基本線はこれでも十分だと思いますが、この設計に早くから取り掛かる事で、また頭を使います。そしてこれは仕事と違い、夢を追いかけながらの使い方ですから、ストレスも発生しません。

考え、勉強する事が自分の利益に直結します。考え方を変え、第二ステージの設計をする事は、この章のテーマをも満たしているのです。

私の場合、これ以外にも、後で述べますように五種類の趣味があり、それぞれ頭を使います。自分に合った楽しいものを、生き甲斐として取り入れると、頭も必ず使うはず。

結局、生き甲斐を見つける事は、肉体の一部である脳の健康にも役立つ事がわかります。

ⓒ手先を使う

指先を使う事は、ボケ防止に役立つと言われています。八〇歳、九十歳まで生きても、ボケたのでは何にもなりません。周りに迷惑を掛けるというデメリットがあるだけです。

私が手段として選んだのは、ステンドグラスです。これは、指先を徹底的に使います。極めていけば、木工との組み合わせ、陶器との組み合わせ、メタルワークとの組み合わせ等裾野が広がり、また、電気回路の知識も修得できます。

指先を使うというテーマに対してはこれで十分と考えています。

私の場合、この様な美術工芸的なものが好きなので、現在、既にはまっていますが、楽しくないと思えば、さっさと切り替えれば良いのです。

仕事ではないのですから、自分に合わないものを、無理して続ける必要はありません。

元々人間も動物なのですから、身体を動かす事が本質的に嫌いな人などいないと思いますし、楽しく取り組めるものが必ずあるはずです。

ⓓ健康食品

ここでは、なにが良いかを紹介するつもりは無く、効果があったと思われるものを紹介しています。「思われる」と書いたのは、健康と言う結果が出ても、因果関係を証明する手段が無いからです。

結論から言いますと、昔から言い伝えられているもの、世の中に広く普及しているもの（外国で普及しているものも同じです）から、積極的に取り入れた方がいいと思います。

これらは、広い意味で臨床実験も済んでいるわけですから、少なくとも悪影響がある事は考えられません。

経験では、この、臨床例が数あるものを、素直に信じて食していれば、必ず効果は出てくるようです。

お茶の一種に、「ヤンロン茶」というものがあります。これは、中国の秘境に分布する雑草を使ったお茶で、何かの雑誌の記事に載っていた（かなり説得力のある記事だった）ものを信じて飲み始めました。

人間ドックで、いつも中性脂肪が限界値ぎりぎりである事を注意され、糖尿病予備軍であると脅かされていましたが、これを飲み始めたところ、次のドックでは正常値に戻っていました。期間は約十ヶ月です。私には、この様な結果が出たという事実しか言えません。

ただ正常値に戻ったのが、ヤンロン茶のせいなのか、別の要因があったのか、はたまた、単純に信じたためなのか、真相は不明。そんな事はどうでも良いんです。結果的に健康になれれば良い。という事で、今も私はこのお茶を飲み続けています。

つぎはアロエの話です。アロエの効能に関する情報は数多くあり、特別珍しいものではありませんが、これも私にとっては欠かせないものになっています。

八年ほど前までは、お酒が過ぎたのか、働きすぎたのか（これでも仕事はまじめにする方です）、遊びすぎたのか原因はわかりませんが、胃がもたれ、頻繁にゲップが出るような状態でした。状態がひどい時に医者に見てもらったら、慢性胃炎と診断され、薬を貰いました。

元々、医者にかかったり薬を飲む事は少ない方なので、その薬はよく効いて、とりあえず治りましたが、またすぐ胃もたれが発生するような状態を続けていたところ、妻の実家からアロエの事を聞かされ、早速送ってもらう事にしました。それから、アロエの葉を三センチほど毎日食べるようになりましたが、この効果は強力でした。それ以来、胃のもたれも無くなり、ビールがうまい事！

増やすのも簡単なので、経済面の問題もまったくありません。胃以外にも効果が出ているはずですが、別に意識もしていません。胃への効能だけで十分だからです。これは、皆さんにも強くお勧めしておきます。

ところで、最近、ゴーヤという名で、沖縄原産の野菜が出回っています。これは、私の出身地である九州では「ニガウリ」といって昔から食べていたものですが、これも胃腸にとっては非常に有効な食べ物のようです。

私も、こちらで出回るようになったので、できるだけ食するようにしていますが、これだけは食べ過ぎても、次の日まったく残りません。

それだけ、胃に優しい食べ物という事が言えるようです。沖縄の人の平均寿命が長い理由としては、黒砂糖や温暖な気候などを上げる人がいますが、この「ゴーヤ」もその中の一つかもしれません。

私の両親は、九州の田舎に住んでいますが、今も至って健康です。何故なのかをちょっと考えてみました。思い出しますと、先程のニガウリと共に、キワダと言う雑木の皮を煎じて飲んでいました。

それは、熱さ五ミリ程の肉厚の皮で、色は黄色く苦い味がしました。両親は、戦後裸一貫からスタートし、大変な苦労をして生き延びてきています。母親に至っては大手術を三回もやりおなかには川の字に手術痕があります。この様に肉体的にも精神的にも悪条件の中にどっぷり浸かりながら、頭もボケず、今も憎まれ口をたたきながら、元気に暮らしています。どうも、苦いものは胃腸に良いのかもしれません。そして、胃腸の丈夫さが全身の健康に影響しているように思われます。ちなみに、親父九三歳、おふくろ八九歳。

食べ物の話では、このほかにも青物魚類、海草、野菜、大豆類、梅干など身近にあって**安価で、広く一般にいいと言われているもの**は、積極的にとり入れています。ある本では納豆を筆頭に大豆を使った食品の効能が強力にＰＲしてありました。

大豆を使った食品はアミノ酸バランスに優れ、脳内モルヒネの材料として最適です。

特に米飯との組み合わせは、米に少ないアミノ酸が大豆にあり、大豆に足りないアミノ酸が米にあり、お互いに補完し合い、最高のアミノ酸バランスになるのです。

また、納豆は脳細胞の活性化にも役立つとの事。私も、納豆は極力摂取するようにしていますが、脳細胞への影響はいまのところないようです。元が悪いと効果がない？

ⓔ たばこのやめ方

一方、身体に悪いといわれているものに、たばこ、塩分、糖分などがあります。その中で、一番影響も大きく、誰もが悪いと知っているものにたばこがあります。これは、自分の健康を損なうだけでなく、その煙は人にも迷惑をかけます。従って、たばこはいずれ世の中から抹殺しなければならないものだと思われます。

「百害あって一利なし」ともいわれる悪評ふんぷんのたばこを、私が辞めた経緯を御紹介しておきます。

たばこは興味本位で二三歳から吸い始めました。当時のセブンスターを、最初の三年ぐらいは一日一箱のペースでしたが、その後エスカレートし、一日二箱のペースで吸っていました。会議や、人との折衝など、神経を使った後の一服には格別のものがあります。

しかし、吸い過ぎますと、朝起きた時気分が優れなかったり、男の機能にも悪いような気がしたりで、吸い始めて十年経った頃から、いずれは止めるべきものだと思うようになりました。

問題は、いつ、どういう形で止めるかです。世はようやく禁煙の意識が高まり始めたころでした。全体の風潮に刺激され、止める人も相次ぎました。しかし、私の知る限りでは、ほとんどの人が、見事に復帰していました。一ヶ月、三ヶ月、長い人で一年。そして、そのような人は、また止めて、また復帰して、というパターンを繰り返すようになります。

私もその事実を目の当たりにしていましたので、再度吸い始めたら終わりと思っていました。そこで、ある日、自分に向かって禁煙宣言をし、それからは吸わない時間の記録を更新する事を楽しむ事にしました。そして今もその記録は更新し続けています。結果論ですが、他の先輩たちが悪い事例を見せてくれたのが効いたのだと思います。考えてみれば、**自分の弱い心との競争であると共に、復帰を繰り返している他の先輩たちとの競争でもあったわけです。**

人間、ちょっとした競争意識を持って事に臨めば、比較的簡単に、あるいは楽しみながらできるのかもしれません。

二　第二要素　欲求の捨て方、満たし方　―五階層欲求に当てはめた展開―

(1) 基本的欲求と付加価値的欲求

世の中の事象の受け止め方、欲求の満たし方は最終的にはメンタルなもの（脳で受止めるという意味で）ですが、実はそれも二種類に分類されると思われます。

一番目は、大部分の平均的、常識的な方々にとって受け止め方が同じで、考え方を変える事で避けられるものではない事象、及び欲求。これを基本的欲求と呼ぶ事にします。

基本的欲求といっても、全人類の受け止め方が同じものなどあり得ない。例えば、生きる事さえも否定して自殺を図る人もいれば、物理的／論理的な苦痛を楽しむ、俗にいうマゾの人々、男なのに男を好む人、女なのに女しか愛せない人等々。

この様なケースもありますが、割合からするとごく少数派でしょう。

次に、付加価値欲求についてですが、マズローの五段階欲求階層における生理的欲求以外は全て付加価値的欲求と考えられなくもありません。

最低の衣食住が満たされれば生命は維持できるわけですから。また、考え方、捉え方を変えれば、別に満たされなくても良くなる場合があります。

例えば、同じ住いにしても豪華で快適な家に住みたい、食べ物においては美味しいもの、珍しいものを食べたい、衣服については材質／デザインの優れたものを身に着けたいと思う欲求は付加価値的欲求であり、人によってそのウェイトは違いますし、考え方によっても大きく変わります。また、「所属と愛の欲求」、「自尊心と他者による尊敬の欲求」、「自己実現の欲求」などは、さらに変動が大きくなるでしょう。

ホームレスになる人がいます。あの方々は、生存の欲求という基本的欲求のみがかろうじて満たされているように見えます。安全の欲求もそこそこ満たされているのでしょうか。

所属と愛の欲求はどうでしょう。あの世界に所属しているのですから、所属の欲求も満たされているかもしれません。愛の欲求も、あの特殊な世界のなかで存在し、満たされている人がいるかも知れません。

しかし、その上位の欲求は殆ど満たされていないはずです。それを得ようとすると、実社会に出なければなりません。実社会に出るといやな事、苦しい事も星の数ほどあります。あの方々は、意識してか無意識かは分かりませんが、その長短を天秤にかけた上であの道を選んでいるのだと思います。

この様に、考え方、捉え方によっては大きく変動する欲求を付加価値的欲求と呼ぶ事にします。この付加価値的欲求については、考え方が違えば、あるいは変えれば満たされなくても済む訳です。

このレベルの欲求については、自分が置かれている立場、環境からではどうしても得られないものがあるとしても、そこはさっさと考え方を変えて捨て去る事が大切。

どうせ付加的なものですから、欲求が満たされないと考えないで、さっさと他の愉しみの世界へ引っ越せばいいのです。

(2)第一階層　生理的欲求

生理的欲求の代表的なものに食欲と性欲があります。しかし、性欲はマズローの分類では、第三段階の所属と愛の欲求になっていますから後述する事にします。

生理的欲求の代名詞みたいな性欲が、なぜ所属と愛の欲求に分類されているのかですが、ここでいう生理的欲求という言葉は、ほとんど生存の欲求を意味しています。性欲は人間が本来持っている生理的欲求ではありますが、満たされなくても死ぬわけではないので、生存欲求と安全欲求が満たされて初めて出てくるのでしょう。

ちなみに、「脳内革命　春山茂雄著　サンマーク出版」では、性欲を第一段階の生理的欲求に分類して説明してありました。どちらが正しいのですかね？　春山さん。

それでは、食欲の話です。生きていくためには、物を食べ、エネルギーを補充しない事には始まらないわけですが、やはり付加価値は人によって違います。

同じ食べるにしても、楽しく、美味しく感じるほうが良いに決まっています。

しかし、お金をかけては、心理面で楽しくない人もいるでしょう。私もその一人です。この場合、お金をかけないようにする事が基本です。

中には、お金をかけないとなんとなく満足しない人もいるかと思います。これも付加価値的欲求の一種であり、それで幸せになれるのでしたら、別に反対する理由もありませんが、なんともったいない話ではあります。

あるとき、テレビで若い主婦にインタビューする場面がありました。
「イワシは良く買いますか？」「買いません」「どうしてですか？」「安いから」……
あなたも、知らず知らず、このような行動を取っている事がありませんか？　キャビア、フォアグラ、北京ダック等々、世に美味いといわれているもので本当に美味いもの、毎日食べても飽きがこないものがあるでしょうか？　なんとなくムードに振り回されている事はありませんか？　あるいは、そのような事がかっこいい事だ、と勘違いしていないでしょうか？

こうしたものを、本当にこよなく愛し、本当に美味いと感じる人もいるでしょう。でもそれは、その辺でいくらでも取れる野草を、本当に美味いと感じる人と同じくらい少数派ではないでしょうか？

この種のものは第一に、希少価値があります。そして結果としてブランド力と言いますかステイタスができあがっています。

このブランドというのが曲者です。無形の代表みたいなもので、考え方を変えればその価値は霧散します。

このような、無形のものに左右されている事はないでしょうか？　かつてバナナは日本では希少価値があり、従って非常に高く、素晴らしく美味しいもの、とされていた時期がありました。当然、ステイタスもありました。輸入品に対する国の仕掛け（税金等）と、時代背景がそうさせていたわけですが、今やバナナは安い果物、大衆の果物の代表です。

このような例は果物に限らず腐るほどあります。考え方を変えるだけで、安価なもので本当に美味しく、栄養もあり、飽きもこず、永続的に食べられるものは山ほどあります。青物魚類、納豆、梅干、海藻類、野菜類、等々。

このようなものをバランス良く摂取すれば、いわゆる金銭的なストレスの問題もなくまさに一石二鳥のはずです。

希少品への過大評価、ステイタス盲信、ブランド信仰を卒業し、本物（高価でなく、本当に美味しく、且つ健康にも良いもの）を自分の目で選ぶ世界にレベルアップしたいものです。

最近は、食べ物に限らず、無印良品なるものが市民権を得てきています。この動きはまさにブランド信仰の否定であり、大変結構な事です。

考え方、捉え方を変えるのに、人の後を追う必要はありません。自分の価値観でやればいいのです。

なにも、北京ダックは絶対ダメだとは言っているわけではない。その人にとって対価に見合うだけの価値があるのであれば、避けて通る理由はありません。

本当に美味しいという価値でも良いですし、それを食す事によってなんとなく優越感に浸れ、ストレスが解消されるような効果があれば、それはそれで、その人にとって価値のある事なのですからしかたがない。その事実は否定できませんが、そのような無形なものにすがらずともストレス解消ができるような価値観を醸成できれば、人生のさらなるステップアップが可能になるでしょう。

私の場合は、北京ダックを食しても優越感に浸れ、ストレスが解消される様な効果はなく、また、対価に見合った美味しさもなくただ、金銭的ストレスが溜まるだけという違いがあるため、この類《たぐい》の行動は少なくなります。

この様に書くと、私を無味乾燥な人物のように思われるかもしれませんが、実は結構付加価値的な事や煩悩に翻弄される人間です。

例えば将来、魚を獲ったその場で食べる事のできるような生活をしたい、という欲望があります。

そのため船舶操縦士の免許を取り、将来に備えています。船を購入する事も必要ですし、そこまでしてその様な生活をしたいのかと思われる方もいらっしゃるでしょう。しかし、これは私にとっては大きな欲求なのです。いろいろな効果も見込んではいますが、トリガーは食欲の付加価値的欲求です。私の場合は、この欲求が他の方々より強いだけの事なのです。

ちなみに、みっともない事例としてあげた「イワシ」は栄養豊富。青物魚類が身体にいい事は御存知の事と思いますが、ここでおさらいをしておきます。

青物魚類に含まれる、身体に有用な物質

①ＥＰＡ（エイコサペンタエン酸）　・血管の掃除　・コレストロール抑制　・血栓予防
・高血圧・脳卒中、動脈硬化の予防　・心臓病予防
②ＤＨＡ（ドコサヘキサエン酸）　・視力回復　・癌、老化抑制　・アレルギー防止　・頭が良くなる　・高血圧改善

青物魚類にはＥＰＡやＤＨＡが豊富に含まれていますが、イワシは特に多いようです。
ここで、世界の平均寿命の話です。
一九九七年度の世界の平均寿命は次のようになっています。

日本　　男性　七七・一九歳　　女性　八三・八二歳

今や、世界一の長寿国です。

七五歳から八五歳の国

アイスランド、オランダ、ギリシャ、スイス、スエーデン、ノルウェー、フィンランド、イタリア、オーストリア、オランダ、アメリカ、カナダ、フランス、香港特別行政区など

五〇歳以下の国

リベリア、アンゴラ、エチオピア、アフガニスタンなど

出典　世界の統計二〇〇〇年度版　総務庁統計局編

イワシの話と長寿の話、二つを結びつけてみます。

日本人は、ストレスのなかで、会社人間として蜂のように働き、ボロボロになっていると言われますが、世界との比較では平均寿命を見る限り、そうでもないのではないかという疑問が沸いて来ないでしょうか。

しかし、私には、まったく逆の疑問が沸いてくるのです。それは、身体に良いはずがない肉食文化の国々と、春山さんが勧める納豆や青物魚類を大量に摂取する日本で、なぜこの程度しか差がつかないのかという疑問です。現在は、食文化も欧米化しているという考え方も確かにありますが、まだまだ、日本的食文化は生きています。

この主因が、会社人間文化にあると決めつけるのはあまりにも乱暴でしょうか？

(3)第二階層　安全欲求

安全欲求とは、常軌的な生活パターンを求める事、その手段として宗教や保険といった、不確実な未来の安定への欲求との事です。

安定した収入の確保、災害防止、健康維持あるいは宗教等を手段とする精神的な安全になります。収入の確保に対しては本書の読者層なら基本的に問題ないでしょう。もし満たされていないと感じている人でも、それは、付加価値レベルの欲求が満たされていないだけだと思います。

また、精神的な安全については、各人各様の事情があり悩みもあるでしょうが、本書のテーマから外れますのでその世界の本に譲る事とし、次の欲求である「所属と愛の欲求」を詳しく述べていきます。

この「所属と愛の欲求」は、我々に最も影響のある会社勤務の話がクローズアップされます。そしてこの欲求は、場合によっては、安全の欲求までが脅かされるという、厄介な代物です。

(4)第三階層　所属と愛の欲求

所属と愛の欲求とは、愛情に対する欲求と、ある集団への、すなわち、家族、社会集団、仕事集団への帰属感とを含んでいます。また、前に述べましたように、性的欲求も所属と愛の欲求に含めてあります。この欲求に対する満足度はおおむね次のようになっていると思います。

まず所属の欲求ですが、社会集団、仕事集団への帰属に関しては、勤め人であれば、当然ながら満足しているはずです。

次に家族への帰属欲求、愛情の欲求についてですが、これは、各人各様で、この問題もまた書き始めるときりがありません。人生を豊かにするためのファクターとしては、非常にウェイトの高いものですが、考え方を変える等の一般論で片付く問題でもありません。

もし、こうした悩み、ストレスがあり、欲求が満たされていない方は、コンサルティングの書籍も数多く出版されていますので、そちらを参考にしてください。

では、この本で申し上げたい事の一つである、社会集団、仕事集団への帰属の問題に移ります。この欲求は満足している、つまりなんらかの集団に属している方々が本書の中心となる読者ではありますが、その状態が脅かされているケースもしばしば見受けられます。

昨今よく耳にする「リストラ」なるものがこれに当たりますが、これは少々厄介です。安全欲求の一つである、安定した収入が確保されていたはずなのに、突然それが崩れ、収入面での安全が失われる可能性が高いからです。

その結果として、さらにその下層の基本的レベルである生存のための生理的欲求までもが脅かされる場合もあります。従って、誰にとってもこれは大問題。リストラに遭遇した場合、所属欲求、帰属欲求が満たされないばかりか、下位層の安全欲求、生理的欲求さえも脅かされる事になるわけです。

その上位層である自尊心と他者による尊敬の欲求が殆ど満たされなくなる事は言うまでもありません。

この章では、社会集団、仕事集団への帰属欲求が今は満たされていても、常日頃リストラの影が気になり、帰属欲求が脅かされているとお思いの方々のために、その打開案について少し詳しく述べていきます。

何故なら、この問題は多くの方々にとって、「幸せの素」を得るための大きな障害物となっている可能性が大きいからです。

ⓐ仕事って何だろう?

我々にとって仕事とは何かというのは、まことに大きなテーマです。

殆どの人が大きな錯覚をしており、そのために人生を満ち足りない、つまらないものにしているのが残念でなりません。具体的に申します。

まず、我々にとって仕事とは、生存欲求と安全欲求を満たすための手段の一つであるのは間違いありません。もちろん、手段だけではなく、人生の目的の一つ、あるいは目的そのものになっている人もいますが、やはり手段にすぎないというケースが多いと思われます。

それにもかかわらず、なんと多くの人々が仕事は目的であると勘違いしている事か。なぜ、その様な大きな誤解が生まれているのでしょうか。

その原因はそう単純なものではなく、様々な要因から成り立っており複雑です。今の社会では、仕事によって他者による尊敬の欲求が満たされるケースが多い。しかし、本当に満たされるのは欺瞞層を中心とする一部の人々に限られます。欺瞞層の人々を社会は褒め称え尊敬します。

何故でしょう？　それは人々の価値観がそうなっているからです。この価値観とは考え方、物事に対する捉え方です。従ってだれでも簡単に切りかえる事ができます。費用もかかりません。

例えば、欺瞞層の人々を、単に経営をする、統括管理をすると言う仕事の担当者であると捉え、給料も多くの基盤層の人々と同じで特別尊敬もしない世界、そういう価値観の世界だとすれば、仕事は手段の要素が強いと気づくかもしれません。

また、この価値観は人々の競争意識を刺激し科学技術、生産技術、芸術等全ての分野の社会要素を進化、発展させ、ひいては人類の幸せに貢献している（或る意味では必要悪）と理解している人もいるでしょう。この仕掛けが、人類を幸せするベストな方法だと考える人もいると思います。

ところが、現実にはどうでしょう。皆が欺瞞層になりたいがために、人間関係においては、競争に打ち勝つために残業は当たり前の世界となり、人間の醜さが露呈し、肉体的にも精神的にもボロボロになっています。かく言う私も八ヶ月間で二日しか休めなかった経験を持っています。結果的には、科学技術が発達し、便利なもの、楽しいものが増え、よりよい社会になっているように見えますが、その社会を実現している本人はボロボロになっているという現実。

まさに自己矛盾!

この矛盾に気付いている人は、どれくらいいるのでしょう。矛盾に気付かない、あるいは気付きたくない原因は、既に述べた価値観による深層心理にあると思いますが、なんとか早く卒業してもらいたいものです。

いずれにしても、日本人の殆どが馬車馬のように働き、身も心もボロボロになりながら生活しているのが現実です。

最先端の文明社会に居る我々日本人より、後進国である東南アジア、南米、南太平洋の国々の人々の方が、実はより豊かな人生を送っているのかもしれません。

私は、自然が好きで、未知のものに対する好奇心も人一倍強い方だと思っていますが、この欲求を満たす事と、「第六章　六」で述べる**追加設計**のために特殊なところに旅する事があります。

その中で、ギアナ高地（ベネスエラ）に住むインディオの村が、強く印象に残っています。そこに住む人々が醸し出す和やかな雰囲気、語り掛けてくる温和な目、ゆったり流れる時間。放し飼いにされている犬までが、とにかく満ち足りた目をしている。私は、我々のほうが完全に負けていると感じ、人生を今一度考えなおす必要があると思いました。

日本より早く豊かになった欧米では、その事もキチンと理解し、社会をあまり急激に進歩させても、人生を幸せに送れなければ意味がないと考え、あせらずに、豊かに生きようという文化が確立されています。ところが、日本はその事に殆ど気付いていない、あるいは理解しようとしないにもかかわらず、国際社会への影響力が大きいため、欧米諸国は心ならずも引きずり込まれているのが現状です。

つまり、日本は経済的には先進国でも、考え方を含めた精神面、文化面ではまだまだ後進国と言う事でしょう。この状態は一朝一夕に改善されるとも思えません。

なぜなら、この背景には社会構造の違いだけでなく、積み上げられた歴史の違いもあるからです。これは、「文化の違いが原因で仕事に対する捉え方も違っている」、という表面上の分析ではなく、文化の違いが何故生まれたのかという源流をたどる話ですが、この事を理解していただく事が、考え方を変える上でも非常に有用なファクターとなるように思われますので、「ⓗ価値観の相違、その根本原因」で少し詳しく説明しています。

ここまでは、仕事を「**社会的背景**」から論じましたが、次に「**欲求を満足させられる度合い**」から論じてみます。

結論を先に言いますが、**仕事は人間の欲求を満たすために生まれたのではなく、満たすものを生産する**ために生まれてきたものです。

農業、漁業等は、食欲を満足させてくれるものを生産します。パチンコ、ゲームセンターなどは、遊び心を満たしてくれます。居酒屋は食欲、それから良い気分にさせてくれ、いやな事を忘れさせてくれるお酒を提供します。

しかし、そこで仕事をしている人たちは、この様な喜びなり、欲求の満足を共有しているわけではありません。

むしろその逆で、例えばネオン街のママさんなどは、仕事の時間は人にサービスする事でストレスが溜まり、終わってからはサービスされる側、つまり同じような店に飲みに行ったりする事はよく知られているとおりです。

もっとも、仕事そのものは違う目的でも、その過程は、たまたま人間の好奇心なり、遊び心なり、様々な欲求を満足させるものもあります。例えば、コンピュータのゲームソフトを作っている人は、知識欲、遊び心などを満たしながら仕事をしているかもしれません。

また、同じコンピュータソフトでも、ロケット制御システムなど、高度且つ最先端の技術を担当している人は、他者による尊敬の欲求も満足させているかもしれません。

しかしこれは、結果として付いてくるだけで、仕事に携わる人に対し、そのような事を満足させようとして仕事が生まれたわけではありません。

ゲームソフトを作るという仕事は、その仕事の生産物を買って使う人を満足させるためにあるのであって、その仕事に従事する人を満足させるために生まれたものではありません。ロケット制御システムの仕事は、そのロケットで衛星を打ち上げ、天体観測衛星なら各種天体情報を収集し活用するために、地球汚染の調査衛星なら、大きな意味での安全の欲求を満たすためにあるのであり、従事している人の、知識欲、他者による尊敬の欲求を満たすために生まれたわけではないでしょう。

この様に、仕事は、それに従事する人の欲求を満たす目的で存在するのではなく、人々の欲求を満たす為に、有形無形のなにかを生産する事が目的である訳ですから、人の数だけの、好み、才能に見合った仕事の種類があるはずもないでしょう。

本田技研工業の故本田宗一郎さんは、「人間には才能の違いはあるが、優劣はない」と考え、極力適材適所に勤めたそうです。

人それぞれ才能の違いがあるのも事実ですし、大部分の人は、他の人より勝る部分をそれぞれ持っているのも事実です。

しかし、限られた一企業の仕事という世界の中で、楽しく、様々な欲求が満たされる確率は、むしろきわめて小さいであろう事は容易に想像できます。

適材適所も、一企業の中では限度があるという事です。そこで、大部分の人は、どこか満たされない気持ちを背負いながら、人生を送っているように思われます。

しかも、仕事は人間の欲求を満たすためにあると勘違いし、人生の目的であるかのように勘違いしている可能性が高いのです。

もっと愉しい人生があるのに、小さく満足してしまっているか、あきらめているか、はたまた自分の満たされない気持ちが何かも分からないまま、曇り空の気持ちを引きずりつつ、いたずらに時間を浪費している人も多いでしょう。

仕事を、「欲求を満足させられる度合い」から論ずると以上のようになると思います。

最後に、人の一生の中で仕事が占める時間的割合を考えてみます。

これから述べる事は、ぜひ理解して頂きたい重要な内容の一つです。

「仕事は、一日二四時間の中の１／３を占めるほど大きく、生き甲斐にしなければその人の人生は不幸である」と書いた書物を見た事がありますが、本当にそんなに大きい割合いを占めるのでしょうか。

私は、時間の占有率という狭義の意味では大きな間違いだと思います。

まず、ここでは、人間の平均寿命を九〇歳とします。根拠は次の通りです。人生八〇年の時代です。しかもまだまだ平均寿命は延びています。今、四〇歳、五〇歳の人が八〇歳になるのは三〇〜四〇年先です。

その頃、人生九〇年の時代を迎えていると考えるのはきわめて現実的です。仮に平均寿命が八五歳だとしても、個人的には九〇歳ぐらいまで生きる確率はかなり高くなっているでしょう。

その九十年の中で、仕事をするのは多くて約四十年です。その中の1／3が仕事です。

つまり全体では1／3×40年／90年ですから4／27となり約1／8しか占めない様に見えます。なお、1／3という数値は一日の中を仕事八時間、睡眠八時間、その他八時間と単純に振り分けた数値です。もう少し細かく見てみましょう。

まず、睡眠時間は必要な時間ではありますが、意識がない時間として除く場合と、含める場合の二つのケースで考えます。その時間は現実に近い値として七時間とします。

そして、勤務時間も実態を考慮し一日十時間とします。

次に、年間の休みがどれくらいあるかですが、毎週の休みを二日（完全週休二日ではないところもあると思いますが）とし、その他の休みを考慮しますと、約百二十日が休みとなるはずです。つまり、一年間の約１／３は現実に休みとなっています。

これは、有給休暇を除いた数値ですが、有給休暇は現実にはなかなか取れないところが多いと思いますので除いたままにしておきます。

以上の前提を置いて再度計算してみます。

一生のなかで仕事が占める時間の計算

(1) 睡眠時間を含めない場合

一日の中で仕事が占める時間の割合
１０時間　/（２４時間—７時間）＝０．５８８
→　５８．８%

４０年間働くとして、約1/3は休日ですから
働くのは2/3
したがって
４０年/９０年×2/3×０．５８８＝０．１７４
→　１７．４%

結論　仕事が占める時間は一生の二割弱！！
（睡眠時間を除く場合）

（２）睡眠時間を含めた場合

一日の中で仕事が占める時間の割合
１０時間　/２４時間＝０．４１７
→　４１．７%

４０年間働くとして、約1/3は休日ですから
働くのは同じく2/3
したがって
４０年/９０年×2/3×０．４１７＝０．１２３
→　１２．３%

結論　仕事が占める時間は一生の一割強！！
（睡眠時間を含む場合）

このことを、もう少し分かりやすく絵にしてみます。

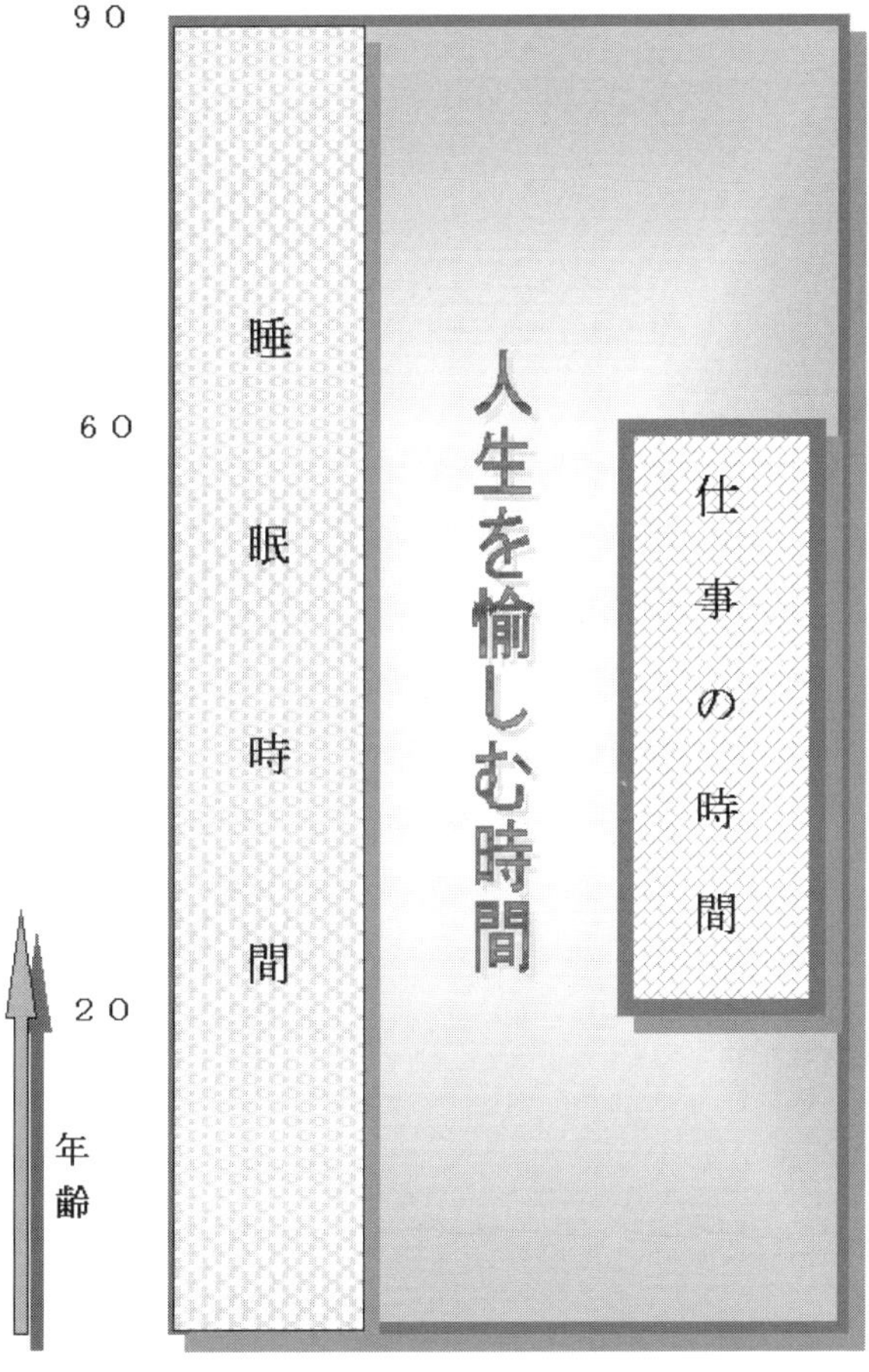

図５－１　時間的割合のイメージ図（面積比）

図5―1を見ると、なんと、睡眠時間を除いても、仕事の占める時間は1／5以下になるのです。

1／5弱だって、生き甲斐になるに越した事はありませんが、残りの4／5強をどうするかが、比較にならないほど大きな問題である事が、よく分かっていただけると思います。これは、仕事に不満があり、生き甲斐にならなかったとしてもあまり気にしなくて良いという証明にもなるでしょう。

ⓑ物理時間と精神時間

ここで、もう少し説得力を増すために、仕事が占める時間の事を別次元から論じてみます。人生で、仕事が占める時間が1／5弱であるとはとても思えない……のはなぜでしょうか？思えないという感覚は実は正しく、その原因は第一章で述べた会社教なのです。会社教に入信しているため、その中で価値観が養成され、心の中を占有する時間が発生します。この時間もまた物理的な時間です。

仕事の時間（勤務している時間）にこの時間を加えるともう少し大きくなります。仮に、この時間を仕事の時間の五割としますと一七・四％が二五％になります。これでもまだ納得できないかも知れません。

その疑問もまた正しく、第二の原因はウェイトの問題、つまり物理時間（勤務時間＋心を占有する時間）に対し、精神的に感じる時間が大きいからです。ここでもまた会社教が登場します。なぜ精神的に長く感じるかですが、会社でベストを尽くす事が教義になっているからです。信者は教義以外の事は心の外になります。会社教に入信している人は会社以外の事が軽いものになり精神的時間が短くなります。そして、教義に反する人間―プライベイトライフを重視する人間―を忌み嫌い蔑《さげす》むようになります。

必然の結末として次に述べる「リタイヤ後の悲劇」に陥るのです。

これで、発想転換を必要とする具体的内容が明確になりました。①勤務時間以外の、物理的に心を占有する時間を排除する。②会社教を脱会、ウェイトを均等化（分かりやすく言えば、パブリックライフとプライベイトライフの価値観を同じにする）し、精神時間と物理時間を一致させる。

以上が時間的要素から見た発想転換の内容です。

ⓒリタイヤ後の悲劇

いわゆる会社人間というのはこのような事を意識せず、教義に忠実に生きている人々だと思いますが、その様な人がリタイアした場合、かなりの確立で短い、不幸な人生になっているようです。噂話などを聞く限りでは、恐らく三年から十年で、５０％前後の人がそうなっていると思います。

もう少し具体的な例を挙げましょう。良くあるパターンは、会社の帰りに居酒屋で仕事、あるいは世の中の出来事に関するにわか評論、愚痴、女房、子どもの自慢・不満等を肴に一杯やり、家に帰ればニュース、スポーツ番組やバラエティ番組などを見た上で、翌日に備えて就寝。休日はゴルフのお付き合いが時々あり、それ以外はただ漫然とテレビを見て、終日ごろごろして過ごす。そして、心の中は例の会社教。

このパターンでもそれが、自分にとって一番楽しい事であれば、そしてそれがパートナーを含む周りの人々に迷惑をかけず、且つ、自分の心に何処か満たされない気持ちを持ちながら生活しているのでなければ、それでも良いでしょう。

しかし、実はそうではなく①心の片隅に隙間風を感じているが、まーこんなもんだと思い、深く考えていない、または考えようとしないパターン、あるいは②会社の仕事を中心に考えているため、ごろ寝は仕事のための準備、居酒屋、ゴルフは人間関係の維持が目的だと考え、自分の生き方に疑問を抱いていないパターンが多いと思われます。

このパターンに、とりあえず生き甲斐だけは見出し、錯覚世界のなかで自信を持って生活している方も、定年後は確実に問題が浮上してきます。

まず、会社に行かなくなるわけですから、居酒屋、ゴルフの生活パターンができなくなります。これは、たとえ同じリタイア組が何人かいたとしても、経済的な制約により、できなくなる可能性が高い。そうすると、現在の休日のパターンが延々と続く事になります。

パートナーとも毎日顔を突き合わせ生活する事になりますが、収入が激減した貴方には、今までの威厳と権力はありません。もし、今までの生活パターンが回りの不平不満を買っていたとしたら大変です。そのパターンでは、貴方は金を運ぶ「運搬人」としての価値しかなかったわけで、「運搬人」の職を失した今では、家庭での価値は霧散します。

心のつながりが太ければまだしも、このパターンでは、それもほとんど考えられない。それでも、自分にとってはこれでいいんだ、計算通りの人生だし、これ以上なにもほしいものはないと捉える人はそれでも良いでしょう。なにせ、人生は考え方次第なのですから。しかしさすがに、このパターンを幸せな人生と捉える人は少数派でしょう。

大部分の人は、そこから慌てるか、あるいは、目標を見失って失意の中で、はかなく惨めな一生を終えるかです。

この件に関しては、実態調査に基づく統計数値がある訳ではありませんが、本当に大きな社会問題だと思います。なのに何故顕在化しないのでしょうか？　理由は簡単です。本人以外は殆どだれも困らないからです。

まず、会社を含めた社会とはまったく無関係になったわけです。何か、関係があるとすればシルバー層を相手に商売をしている分野ぐらいですが、現在のところ、貴方が早死にしたからと言って困るような社会構造になってはいません。

また、家族がお互いに相手を認め、精神的に助け合い、励まし合い、吸収し合い、深い絆で結ばれていれば、少なくとも家族は困りますから、それが必然的に顕在化して社会的にも議論されるようになるでしょうが、皆さんご存知のように、貴方は会社の帰りに居酒屋で同僚と女房の悪口を酒の肴にし、女房族は井戸端会議で濡れ落ち葉なる言葉を生み出し、若年層との断絶は加速を続けている現実では、誰も困らないのです。

だから、今は自分で気付き防衛するしかない。自分で、仕事をしている時代とそうでない時代全体をよく見据え、設計をし、行動するしかないのです。

ⓓ第二ステージの重要性

日本の平均的な価値観を持った人々は、会社の仕事が全てであり、その後の事を深く考えている人は少ないという事は既に述べました。

しかし、定年後も収入等の問題、生きがい等の問題は、まったく同じ様にあるはずです。

人生八〇年の時代ですが、設計するにあたっては前章で説明しましたように九十年で計算する必要があります。

この九〇歳までを前提に計算すると六〇歳からでもなんと三〇年あります。三〇年とはどのような数値でしょうか。高校または大学を出て、就職してから六〇歳の定年を迎えるまでは三八～四二年です。

この数値と先の三〇年を比べてみてください。そう大差ないのが分かると思います。

ここで、この考え方はおかしい、大体九十歳までも生きられるはずがない、俺はせいぜい七十五歳から八〇歳ぐらいだと思っている、何をノーテンキな事を言っているんだと思っておられる方は、その考えを変えてほしい。

これはたまたま、何処まで生きられるかという話ですが、この例に限らず、ノーテンキに楽天的に考える事も私が主張したい事の一つなのです。

話を戻します。我々は前記の価値観のもと、極端な例では幼稚園から良いポジションを得るために、家族一丸となって大変な努力をしています。御存知のように、いまや社会へ出ても、どの幼稚園、どの小学校、どの中学校、どの高校を出たかはまったく関係ありません。それどころか、大学を出ているかどうかも関係なくなりつつあります。

にもかかわらず、親は経済的にも精神的にもボロボロになり子供は精神的にヘトヘトになって大学に入り、仕事でもボロボロになって定年を迎えています。

しかも、明確なポリシーもないため、定年後の準備も不充分。不充分と言うより殆どしていないといった方がより正しいでしょう。何故なのでしょうか。何故変だと思わないのでしょう。前半の三〇年強のためにはあれだけ準備するのにです。

最大の原因は例の価値観だと思いますが、もう一つは平均寿命の急激な伸びに社会の意識が追いついていないためでしょう。一昔前までは人生六〇数年だったそうです。

その頃の定年は五五~五六歳だったわけですが、それにしても定年後に長い人生が控えていると思うわけがないし、実態もそうだったわけです。

この事も例の価値観を生み出した原因のひとつかもしれません。とすれば、我々の社会が「定年後の第二の人生が、定年までの人生に匹敵する価値がある事」を本当の意味で認識し、自覚し、理解すればこの価値観も変わっていく可能性があります。本当に人生を幸せにする価値観に。

実は、その様な傾向が少しずつ見え始めています。定年後の事を、隠居、余生という言葉から人生の第二ステージ、第二の人生と言った言葉に代わり始めています。

また、最近は定年後の事を題材にした情報（マスコミ報道、書籍等）が受けています。

社会も、生き方を指導するような動きが出始めています。もっとも、生き方を指導されなければならない、何とも情けないこの現実が、はからずも私が主張している問題点を浮き彫りにしているわけですが。

社会はようやく事の重大さ、定年後の人生の価値の大きさ、重さに気付き始めたのでしょうか。定年後に、人生の価値の半分近くが隠れている事に気付き始めたのでしょうか。

恐らくそうなのでしょう。また、あの憎っくき（結果として我々の人生を不幸にしているという意味で）価値観も、若い世代から少しずつ薄れてきている様に見えます。

例えば、「フリーター」という言葉があります。そしてこの言葉は、今や立派に市民権を得ています。フリーターの本来の意味は、音楽家や芸術家、作家等しっかりとした目標を持ちそれを目指すような意欲と夢を持った人が、とりあえず生活の糧を得るために、アルバイトをするようなパターンを指していますが、だんだん生活を楽しむという響きの言葉に変わってきています。

そして、若者の中では「かっこいい生活パターン」とはきちがえている人たちも見かけられます。

労働省の定義によるフリーターの人口は一九八二年に五十二万人だったのが、一九九七年には百三十五万人に急増しています。

これは、好ましい方向に向かっているのか、単に無気力化しているだけなのか慎重に判断すべき問題ではありますが、ここでは**従来の価値観が崩れてきている**という意味で、好ましい方向に向かっていると信じる事にしましょう。

ところがその様な世代の方々も、会社に入れば少しずつ感化され（朱に染まれば赤くなる？）、例の、誤った価値観に引きずり込まれているという現実があります。

まことに残念至極。

もっともこのような問題は、そうそう急激に変わるものでもないでしょうから、時間が解決してくれるのでしょう。

一方では、気になる動きがあります。例の年金問題と、寿命の急激な伸びを背景にした定年延長の動きです。いまのところ、多くの人がこの動きを歓迎しているように見えます。

いまの価値観で捉え、判断すれば当然のごとくそうなります。ところが、自分文化先進国（第五章　二⑷ⓙ参照）に住んでいる者から見るとまったく逆になります。せっかく人生を楽しむ時間が増えつつあるのに、どうしてそれをまた元に戻そうとするのだろう、どうして自分を苦しめるような考えになるのだろうと思ってしまいます。

せっかく、五六歳だった定年が六〇歳になっただけでも、私は高速道路の右車線を逆行しているような錯覚に陥ります。本来、定年は延長ではなく前倒しであるべきです。欧米では、早くリタイアし、自由な生活を送れるような身分の事を、成功者の証と受け止めるそうです。日本とは価値観がまったく逆になっている事が良く分かる例です。

この理由については、後述の「ⓙ価値観の相違、その根本原因」で詳しく述べています。年金問題も、人生の意義という観点から見れば、定年延長や、配布年金額の縮小という動きは本末転倒である事が分かります。放漫経営の救済に何百、何千億の金を使っています。本来なら財源の配分、仕掛けを考え、自由な時間を増やし、国民を幸せにする事が本来の政治だと思うのですが。

「皆さん、なにも六〇歳過ぎてまで働く事はない。せっかく寿命が延び、長生きできるようになったんだから、思う存分愉しんでください。そのための社会の仕掛けは我々が考えます。既成概念を打ち破り、財源の使用優先順位や、年金制度の仕組みを根底から見直し、六〇歳以上は働かなくても良いような社会を作り上げます……」このようなたんかを切れる政治家はいないものでしょうか。

ⓔより幸せな人生のために

この二つの流れ、つまり価値観の変化と、定年後の人生の重要性に関する社会の認識が本物になれば、我々の人生はずっと素晴らしいものになります。

まだまだ時間がかかりますが、自分だけそうなるのは簡単です。費用も掛かりません。考え方を変えるだけなのですから。

人間にとっての仕事の本質を見つめ、**人生のそれぞれの要素の時間的割合をよく理解し、整理し、人生の再設計をしましょう。**戦後は、まず生き延びる事が唯一最大の目的だったそうです。その様な状況下では、仕事が唯一の目的に見えた事も容易に想像できます。

しかし時代は変わりました。しかも急激に。

今は、生き延びる手段はいくらでもあります。したがって、仕事の捉え方を修正し、より豊かな人生の実現を目指し再設計に取りかかりましょう。

もっとも、再設計という言葉も本当は不適切なのかも。今はまだ、大部分の方々が、収入源としての仕事をする期間の設計ぐらいしかしていない状態かもしれません。部分的な設計だけが終了している段階で、全体設計は未着手と捉えると、「再設計」ではなく「追加設計」という言葉が正しいような気もします。

「追加設計」なら、自由も大きい。再設計という言葉にはこの様な意味も含んでいる事を前提に先へ進みます。

ⓕ「リストラ」時代の逆転発想

これから述べる内容は、想定している読者層のかなりの方々にそのまま当てはまるはずです。

まず現在の会社勤めに対する、考え方を書きます。繰り返しますが、仕事は人生の目的というよりも手段の要素が強いという前提で話を進めます。中にはこの手段と目的が一致している幸せな人々もいます。

自分にとって、この上なく楽しい事をやりながら、生きるために必要な収入も得られる幸せな人々です。この収入には個人差がありますが、金の問題は目的と手段が一致している価値に比べれば取るに足りない問題です。

例えば絵を描く事を考えます。我々が映画を見る、旅行をする、酒を飲むのと同じように絵を描く事が好きな人にとって一般的にはその道の先生に授業料を払って技術を磨きます。必要となる各種道具も、お金を出して取り揃えます。

それが当たり前なのです。生き甲斐になり得るような愉しみのためなら、お金を払って当たり前なのです。言いかえればお金を払ってもその世界に浸りたいわけです。

ところが、絵で生計を立てられる人、つまり目的と手段が一致している人は、払うのではなく貰う事ができます。出入りで二倍の差。

従って、このような人はそのまま生きて行けば良いのです。但し会社の仕事は基本的にはその対象にはなり得ません。何故なら、定年後は続けられないからです。

定年後も続けられる、つまり定年がない人は自分が経営者か一部の欺瞞層の人たちであり今回、対象外の人々です。

ここでは、「**大いなる錯覚**」により仕事を目的と思い込んでしまっている企業人を対象にしていますので、あくまで手段と定義します。

手段ですから、全精力を傾けるのは、本末転倒。特に定年後の人生には、仕事に全精力を傾けて過ごしても何の役にも立ちません。役に立たないばかりか、後遺症という弊害が残る場合さえあります。

もしも、リストラの相談をされたら

この不確実な混迷の時代です。一〇年一昔が五年一昔となり、今や一年一昔が常識、最先端のＩＴビジネスの世界では三ヶ月一昔の感があります。また、世界的なボーダーレス化も加速しています。このような社会環境では、いくら舵取りの問題だと叫んでみても、企業浮沈の激化は避けて通れそうにありません。「リストラ」の四文字があらゆるメディア上を闊歩しています。錯覚された「リストラ」の影を身近に感じている方も多いでしょう。

この状況は、数字にも如実に表れています。平成一一年度版労働白書によりますと、「失業に対する不安を感じる人の割合」は一九八九〜一九九三の四〇〜五〇％から一九九八〜一九九九の六〇〜六五％へと急増しています。

このような環境では、何か気に入らない事、ショッキングな事を言われる機会も多いと思います。そのような場合でも、「仕事」の本当の意味と「人生の全体設計」の意味を理解するだけで、はるかに楽になります。

目の前の当面の問題については次のように考え、先へ、本当の自分の人生へ進んで頂きたいものです。

まず、理不尽な事を平気で言える人物、つまり人間的に問題がある人物に腹を立てても仕方がないと考えます。本気で腹を立てたり悩んだりする事は、自分が、そのように取るに足りない人物を、まともで一人前の人物と認めているからであり、恥ずかしい事だと考えてください。

但し、これは心の中だけです。態度や言葉には絶対に出さないように。

次に、考えなければならないのは、環境は常に変化するという事です。

けっして今の環境、境遇がいつまでも続くわけではない、社会環境も変われば、自分を取り巻く環境（上司、同僚、部下など）も変わる。

しかも、そう遠い話ではなく比較的近い未来に。

したがって、現在という瞬間的な断面ではなく、未来（といってもこの場合はごく近い未来）という時間的な要素も取り入れて考える事が必要なのですが、これをとりあえず「三次元発想」と呼ぶ事にします。ところでこの発想はけっして新しいものではなく、実はとっくの昔に語られ、諭されています。御存知の「平家物語」の書き出し部分を思い出してみても、大昔からこの三次元発想は常識になっていた事が分かります。

「祇園精舎の鐘の声、諸行無常の響きあり、娑羅雙樹の花の色盛者必衰の理をあらわす。奢れる者久しからず、唯、春の夜の夢のごとし。猛き者も遂には亡びぬ。偏に風の前の塵に同じ。」

この文章は、まさに世の無常という事を表現を変え、繰り返している事がお分かりになると思います
しかし、目の前の不平、不満、いやがらせ等に出会うと、ついつい心を奪われ、この常識を忘れ、二次元発想で判断し、短絡的な結論と行動に走ってしまう。そして後悔。

私が知っている世界でも上司とそりが会わず、ついに喧嘩をしてしまい、辞めてしまった人（五〇歳前後）がいました。その後は風の便りに、パソコン教室に勤務しているという噂を聞きましたが、恐らく収入は1／2～1／3になった事でしょう。そして二年後にはその上司も会社を去りました。

こうした現実を、少し遠くから眺め、時間の次元も取り入れた上で判断するようにしたいものです。ところでこれは、社会の複雑さがなせる業なのか、人類が退化しているのか、どちらだと思われますか？

次に、ちょっと突飛ですが、相手を人間と考えない事もひとつの方法です。いずれ人間は死にます。いずれ単なる物質になります。今はたまたま生きているけれども、元々水分が殆どの

物体だと考えてみてください。努力すると本当に考えられるようになるものです。そう考えると、さっきまで、悩んでいた事が、何とも些細な事に思えてくるから不思議です。

話は更に飛躍しますが、地球的発想という言葉があります。宇宙開発時代到来と共に出現した言葉ですが、宇宙から見れば地球も単なる一つの球体であり、無数の星の一つに過ぎない事、したがって、その中の国と国の争いなど小さい小さい……と相成るわけですが、この発想を基準にしますと、その中の一つの国の中の一つの企業の中の一つの部署の中の人と人の関係となり、もう目にも見えない小さな事になりそうです。

更に時間的要素を組み入れてみます。細かい説明は省略しますが、二億五千万年後には二酸化酸素が消滅し、地球上から生命が消えてしまうのだそうです。そして五十億年後には、赤色巨星化した太陽によりドロドロに解けてしまうとの事。

このような事を常に頭の片隅に置いておくのも結構効果があるものです。

話を現実に戻しますが、担当レベルあるいは、雑用に近いような仕事を与えられたとします。その時は、このような楽な仕事を今の給料でやれるとは、何ともあり難い事だ、と考えれば腹が立たないばかりかむしろ嬉しくなります。

他人がなんと思おうと物理的な損失は何もありません。また、他人は自分が思うほど、貴方の事を意識してはいません。

他の人もその人なりの悩みがあり、自分の事が最優先で、精一杯の人が殆どなのです。自信を持ってこう断言できるのは、立場を逆転させて考えた場合、私が他の人をそんなに意識していないと思うからです。

そうして、考え方を変えても、コンチキショウ辞めてやると思う事もあるでしょう。それこそ会社の思う壺です。結論を先に言いますが、とにかく今の会社を辞めてはいけません。**辞めない事は会社に対するリベンジ**でもあります。短気は損気です。良く考えてみて下さい。仕事内容、給料、それぞれ不満はあるでしょうが恐らく社会全体の平均給与との比較ではそう悪くはないはず。

会社を辞めた場合、次の行動として以下の二つが考えられます。

一番目は次の会社を探す事です。でも今の時代に良い就職口など見つかるはずがありません。世には転職の成功例を扱った情報が氾濫しています。それは、決してウソではありません。当然成功例もあります。でも、何人転職して何人成功した、という記事を見た事があるでしょうか？　ここで言う成功の意味は、仕事内容が自分に合っており、給料も今より多い事を意味します。このような意味での成功例は恐らく数％でしょう。

もっと少ないかもしれません。それでも人間は自分だけは成功するのではないかと考えがちです。冷静に、事象を統計確率的に捉えるようにしましょう。

結論としては、辞めない事が、いまの条件をクリアする一〇〇％確実な方法という事です。二番目に考えられる事は独立です。これまた、独立の成功例、会社経営、商売の成功例を扱った情報は氾濫しています。

その様な本を読んだりすると、自分もやれるのではないか、やらない手はないといった気分になったりもします。

しかし、独立の成功確率を扱った情報を見た事がありますか？　これまた、皆が羨むような成功例、皆が誉め称えるような成功例はわずか数％、もっと具体的に言えば、一～二％です。殆どがなんとか生活が維持できる程度か、それ以下の状態に追い込まれているのが現実です。ただ、良い事もあります。お山の大将になれることです。

「鶏口となるも牛後となるなかれ」ということわざもあります。

経済的には厳しくても、お山の大将に大きな付加価値を見出せる人ならそれも良いでしょう。ただし、私の場合、人生の付加価値は別のもの（後述）に求めていますからこの方法は取りません。このほかにも身の振り方はいろいろあるでしょうが、安全の確率が七～九割以上で、なおかつ現状あるいは現状以上の条件があるとは考えられません。

したがって、やはり今の環境の中で、発想を変えて、少しでも楽しい時間を増やしながら生きていく事をお勧めします。

以下はほんの一例ですが、友人、知人から聞いた事例です。
ケース1　会社の方針で管理の仕事を若い世代へどんどんシフトした挙句「管理もできないから困ったもんだ」。その上司によればやってない事はできない事になるようです。
ケース2　もう面倒見きれないので、自分で社内営業をやり仕事を見つけてくれ。
ケース3　担当レベルの仕事を命令し、その理由として「これは、もし外に出た場合でも自活できるようにするための配慮でもある」。その後、付け加えて「決して辞めろといっているわけではない」

このような事象に遭遇した場合でも、先述のような考え方をすれば、あまりこたえないはずです。もう一つ、我々の前にいる人たちは、直接の指示者でもなく、自分の考えで動いているわけでもありません。会社の方針に従っているだけです。方針の伝え方に問題がある場合もありましょうが、本質的な罪はないはずです。

我々は、しばしば原因と現象をはきちがえます。この例のように、いやみを言い、圧力をかけている人たちの行動は現象であり、裏にはその言動を生み出した根本原因が存在します。トヨタの源流主義ではありませんが、現象を断っても原因を取り除かなければ根本的な解決にはなりません。

その原因とは、つまり会社のトップなのです。これに関しては、ある新聞に面白い記事が載っていました。　読まれた方もいらっしゃると思いますが、以下のような内容です。

『今の不況は低脳不況と呼んでいます。つまり低脳な経営者が、変化に対応できずに会社の業績を悪化させている。そこで企業が社員のクビ切りをするわけですが、何故、何の責任もない社員が会社を辞めさせせられなくてはいけないのですか。まずは経営者が責任を取って会社から去るべきです。(経営評論家・裕宗夫氏)

ホワイトカラーでリストラされた人は100万人を突破し、失業率はこの先10%を越えるといわれている。しかし、経営者がリストラされたという話はほとんど聞かない。「アメリカでは社外重役が強い権限を持っていて、常に経営者を監視している。もちろん業績が悪くなればすぐにクビが飛びますよね。」

一方、日本では、どんな事をしようがイスに座り続けられる。「業績を悪くした本人が、会社を立て直すなんてできるわけない。病巣は自分なわけですから。」

アメリカ式の経営を見習って、年俸制や年功序列の廃止を行う企業はあるが、社長の権限を明確化という肝心な部分だけは、全く無視している。「このまま社員のリストラだけを続けていると、【リストラ倒産】なるものが増えてきますよ。リストラは、会社に対する不信感を従業員に抱かせる事になりますし、有能な人材をどんどん失わせる結果となりますから」経営者は不必要な人材をえりすぐってクビにしているだろうが、実際はそうではない。「結局は従順なイエスマンばかりの社員が残り、会社にとって役に立つ人ばかり辞めさせる事になる。ゴマすり社員の濃度が濃くなって、会社の体質はリストラ前より古くなってしまう。こんな連中ばかりじゃ二十一世紀になって環境が激変したときに、生き残って行けるとは思えない」』

以上のような内容です。この記事の中で、辞めていく社員のほうが優秀というのは、私には少し異論があります。そういう人もいますが、少なくとも当該企業の当該部門にとって、役立つ才能が少ないと評価されるケースでは、ある程度当たっている事が多い。

問題はそれがある一部門の評価であり、トータルの評価ではないという事です。つまり、全社的に見て適材適所になっているかという事ですが、ずばり言って、常に全体の事を考え、最適な経営を実現している企業となると、皆無に近いのではないでしょうか。部門は、部門の最適化を考えますが、狭い部門の中では所詮似たり寄ったりです。トップは部門の自治を優先させる（当然、この方式のメリットもあります）為、結局トータルオプティマイズは実現しません。

故松下幸之助さんは、全社から人材をかき集め、立派な成果をあげた事業部長を叱責したという話を聞いた事があります。

「おまえのプロジェクトのために全社トータルで見てどれだけマイナスになっているか分かっているのか」

現実には、このような考えかたをする人は少なく、むしろ、「人集めがうまい」「押しが強い」「人脈が多い」と言った誉め言葉になるのが関の山です。

話を、新聞記事の事に戻しますが、このリストラ時代は、トップの市場動向把握の誤り、製品企画の誤り、営業戦略の誤りなどの舵取り誤りの結果として、リストラやむ無しの事態を招いたわけで、まことに的を得た内容だと思います。

また、「不況こそチャンス」という裏返し発想で業績を伸ばしている企業もあるそうです。

これはどういう意味かと申しますと、「厳しい時代だからこそ他社との違い（製品企画、製品の優位性、価格の優位性、アフターサービスの優位性等）が出る。つまり、創意工夫の効果が大きく、やり方によっては飛躍できる「チャンス」と考えるのだそうです。

このような努力もしないで、安易に構えていて、または、舵取りが間違って業績が低下し、そこで最も簡単な手段として社員を減らそうとする。

時代のキーワードである「リストラ」について別の表現をすれば、この様な事ではないでしょうか。

私は、例えば自分だったら、会社がこの様な事態にならないようにできると言っているわけではありません。

会社経営は、ある意味では長期間続くビッグプロジェクトであり、予測の難しい、困難な要素が山ほどあります。独立成功の確率が1～3％という実態がそれを雄弁に物語っています。

昔の話ですが、大石内蔵助は、赤穂藩断絶の後始末に奔走した時、現代の言葉で表現しますと①預金者保護、②社員の再就職、③退職金の見なおし（自分は不要、下のものに厚く）を行ったそうです。いま、このような考え方が分かる会社トップがどれくらいいるでしょうか。最近は、銀行、証券で、藩の断絶に相当する事がバタバタと起こりましたが、少なくとも、自らを犠牲にして、社員の為に奔走したという話は聞いた事がありません。

目に入るのは、責任逃れの言い訳と、自分の退職金の獲得に奔走したという批判記事ぐらいです。なお、この意見、疑問点は会社のトップに読んでほしい訳ではありません。

この様な意見がわかるようなトップなら、単なる人減らしではなく、とっくに別の行動をとっているでしょう。

今の会社環境の中で、なんとなく居づらいと感じ、身の振り方を考えているような方々に伝えたい。これが実態なのですから。何も気にせず、負い目も感じず、結論として、とにかく会社は辞めないという信念を確立して頂きたい。

圧力をかけてくるような人々の殆どは、この様な根源的な問題も判らずただ刹那的に行動しているだけだと思われます。そうした人達は恐らく強固な信念も持ち合わせていないでしょう。したがって、**根競べを楽しむ**くらいの気持ちでいたらいかがでしょうか？

ここまで書いたところで、私が主張している事を裏付けるような新聞記事がありました。朝日新聞の記事です。読まれた方も多いと思いますが、大変印象深い記事でしたので原文のまま載せておきます。

『一部上場の住宅メーカーに勤めていた横浜市の田中一郎さん（五六）＝仮名＝は一昨年暮れ、社員を半減させるという大リストラの中、早期退職に応じた。国立大学を卒業して三十年。企画部長にもなった。順調と見えたサラリーマン人生が一変したきっかけは、バブルの崩壊だった。メーンバンク出身の役員から指名されて買い集めた土地が、膨大な不良資産になった。その責任を、何と同じ銀行から来た後任の役員から問われ、窓際に回された。その時五四歳。サラリーマンをやり直すには遅くない、と思っていた。だが、それから一年半。職業訓練も受けてみたが、生計を維持できるだけの働き口は見つからない。

雇用保険の失業手当も二ヶ月前から貰えなくなった。銀行の口座からは毎月、一五万円の住宅ローンと生命保険、税金、健康・介護保険料など計二七、八万円が引き落とされる。

妻（五三）はパートに出ているが、時給八百円で、月収は七、八万円ほど。少なくとも自分が二五万円ほど稼がないと、老後に備えた貯金を崩しながら暮らしていくしかない。

年金の受給もまだ先だ。こんなはずではなかった。田中一郎さん（五六）は住宅メーカーを退職してから、毎月三十一万円ほどの失業手当を受け取った。在職時の月給は六〇万円。

やりくりは厳しくなったが、それでも夫婦二人の暮らしはまかなえた。ところが、週に二度三度と公共職業安定所に通っても、肝心の再就職のめどが立たない。

職種は問わず、「月収二五万円」だけを条件にしたが、五十代となると二十万円以下の仕事がほとんど。月に一、二件、ようやく見つけた求人に応募しても、面接まで進むのがやっとだった。失業手当の打ち切りを一ヶ月後に控えた昨年十月、国が専門学校に委託している職業訓練に通う事にした。その間はとりあえず、打ち切りは延期される。

訓練は、営業実務の六ヶ月コース。平均年齢五四歳の仲間と励まし合い、週四時間のパソコン訓練によって、事務処理ソフトやインターネットを一通り扱える自信がついた。

それでも状況は変わらなかった。そもそも、仕事の経験や知識を活かせるコースには定員の都合で入れなかったし、学んだ内容も企業の目に留まるものではなかった。講師は再就職の難しさを説き、「起業」を勧めた。

でも、具体的なノウハウも、成否の見込みも分からない。蓄えを投じる気にはなれなかった。

訓練終了時、クラス三四人のうち、再就職が決まっていたのは五人だけ。五十代は二人だけだった。「職業能力を高めようといくら努力しても、それを生かす「場」がなければ、どうにもならない。職業訓練も、失業手当を延長するためのものでしかない」

意欲のある中高年が、せめて年金を受けるまで働き続けられる仕組みはつくれないものなのか。田中さんは今、痛切にそう思っている。』

新聞記事はこのような状況をどうするのかという、総選挙前の政策アンケートに絡んだものでしたが、政治家がいくらセールストークをしても、誰も、目に見えた効果がすぐに出るなんて思っていませんよね。要は自己防衛しかないのです。

さらに補足

この件は、非常に重要なテーマですから、もう少し補足します。もし貴方が間接的にリストラ関連の事を言われたとしたら、無視するか、さりげなく、そのような意志がない事を伝えましょう。

直接的にはっきりと言われたら、頭を下げて、「なんとか置いて下さい、勤めさせてください」と頼むぐらいの心の準備をしておくべきです。この場合は、演技力が必要です。

困っている事、悩んでいる事を身体で表現する事が必要です。ダメモトですから、気楽に名演技をしてください。

抵抗する事が大切です。ゴタゴタは会社側も嫌なはず。自分に嫌な事をおしつけているのですから、嫌な事をお返しするのは当然ぐらいに考え、最後まで抵抗しましょう。辞めるのは、それからでも遅くはありません。結果は同じでも、過程が大切です。同じ境遇にある他の方々へも好影響を与えるはずです。

関連する内容で次のような新聞記事を見かけました。記者の質問に銀行産業労働組合の書記長がアドバイスをするものです。

『リストラの対象になってしまったらなにをすべきなのか？「第一に自分だけの胸にしまっておかない事。肩叩きの話を切り出そうと社員を呼びつけて、〝この話はほかの人には言わないように〟と口止めするケースがあります。でもその通りにしてはいけません。誰かに相談すべきです。」相談相手は、労政事務所や組合が好ましい。「できれば、奥さんにも隠さない事、そして、一緒に労政事務所に行く事を進めます。」そこでリストラの対抗手段を練ってくれる。

こんな例がある。四〇代後半の行員。海外畑を歩んだものの、業績悪化による海外支店縮小で、仕事がなくなった。「早期退職金を上積みしてもらって会社を去るか、他の部署に移動するかの選択を迫られたんです。もし、他の部署に動いたら、年収は千三百万円（高いね！）から七百万円になると宣告された」のだ。

これなどは完全に脅しのたぐいだ。「給料規定にもないし、そんなバカな事はない。給料が半分になる根拠をはっきり言えと拒否の姿勢を打ち出しました」すると**会社側はとたんに態度が軟化**した。「何処かで知恵を付けられたんだと会社側も分かるからです。」モメれば、カネも労力もかかる。だから、会社はターゲットをモメない者に変えるというわけだ。

〜　中略　〜

とにかく、**「退職届は出さない事です」**そこから闘いが始まるのだ。』

そうは言っても、その様なゴタゴタも、会社に残って白い目に晒される事も、自分にとっては耐えがたい事だ、どんなに考え方を変えても、辞めれば経済の問題が重くのしかかると分かっていても、嫌な事の値段の方が自分にとってははるかに重いと思う人もいると思います。

それは、その人にとっての価値観なのですから仕方ありません。何もお金だけが全てではありません。結局、自分にとってのそれぞれの**価値を天秤に掛けて判断**すれば良いのです。

忘れていました。次の会社に行っても単に収入が減るだけとは限りません。まあ、給料が安くなる分、今の仕事ほど責任もなく、ハードさもいくらか違ってくるでしょうが、人間関係などの問題までですべて無くなるという保証は何処にもありません。

これらの事も含めて天秤に掛ける様にしてください。天秤に掛けないで、目の前にある事象だけで感情的に判断し、辞めてしまい、収入が激減（2／3はよい方で1／2～1／3のケースもある）し、大いに後悔している人をたくさん知っています。

⑨我慢料はいくら？

我々の境遇ではできるだけ会社は辞めない方が良いし、それが、「人生に前向きに意欲的に取り組む事である」と、一見逆説的な考えを強調していますが、もう一つ、極めて判りやすい話をしましょう。不幸にも「リストラ」を心配しなければならないような境遇に身を置いている場合の話ですが、圧力、いやがらせ等を感じるのは年に何回あるでしょうか。例えば、1回／週とすると一年間に約五十回ある事になります。一方、会社を辞めた場合、いったいどれくらいの収入減になるのかを計算してみます。

前述の新聞記事のケースでは、例えば月給二五万円で就職できたとして、且つボーナスの差額を除いても四二〇万円の差があります。現実には、ボーナスも比例して差がつくでしょうから、その差は五〇〇万円を下らないはずです。私の知人の例でもこのケースとほぼ同じような差がありました。そんなに！と思われる方もおられるでしょうが、これが現実なのです。なお、これから我慢料というものを算出するわけですが、前提としては少し譲って三百万の収入減になると仮定します。

三〇〇万円を例にとると単純計算で一回我慢する毎に約六万円の収入がある事になります。つまり、一回我慢し、あるいは根競べを楽しみ、あるいは軽蔑し、そのたびに六万円貰っていると思えば良いのです。回数は、実際こんなに多くはなく、せいぜい月に一回ぐらいでしょう。すると一回二四万円になります。五〇〇万円の差額の場合は、なんと四〇万円です。こんなに素晴らしいアルバイトが他にあるでしょうか？

ⓗリストラ勧告対策フロー

以上の話を総合し、集約した内容を次ページにフローチャートの形で示してみました。

世の中、そんな単純なものではないよとおっしゃりたい気持ちはわかりますが、常に基本を思い出す事も、負けず劣らず大切な事です。

本来あるべき真理が頭に在るのとないのでは、行動にも微妙に影響してきます。常にこの事を念頭におき、行動選択を行ってほしいと思います。

リストラ勧告対策フロー

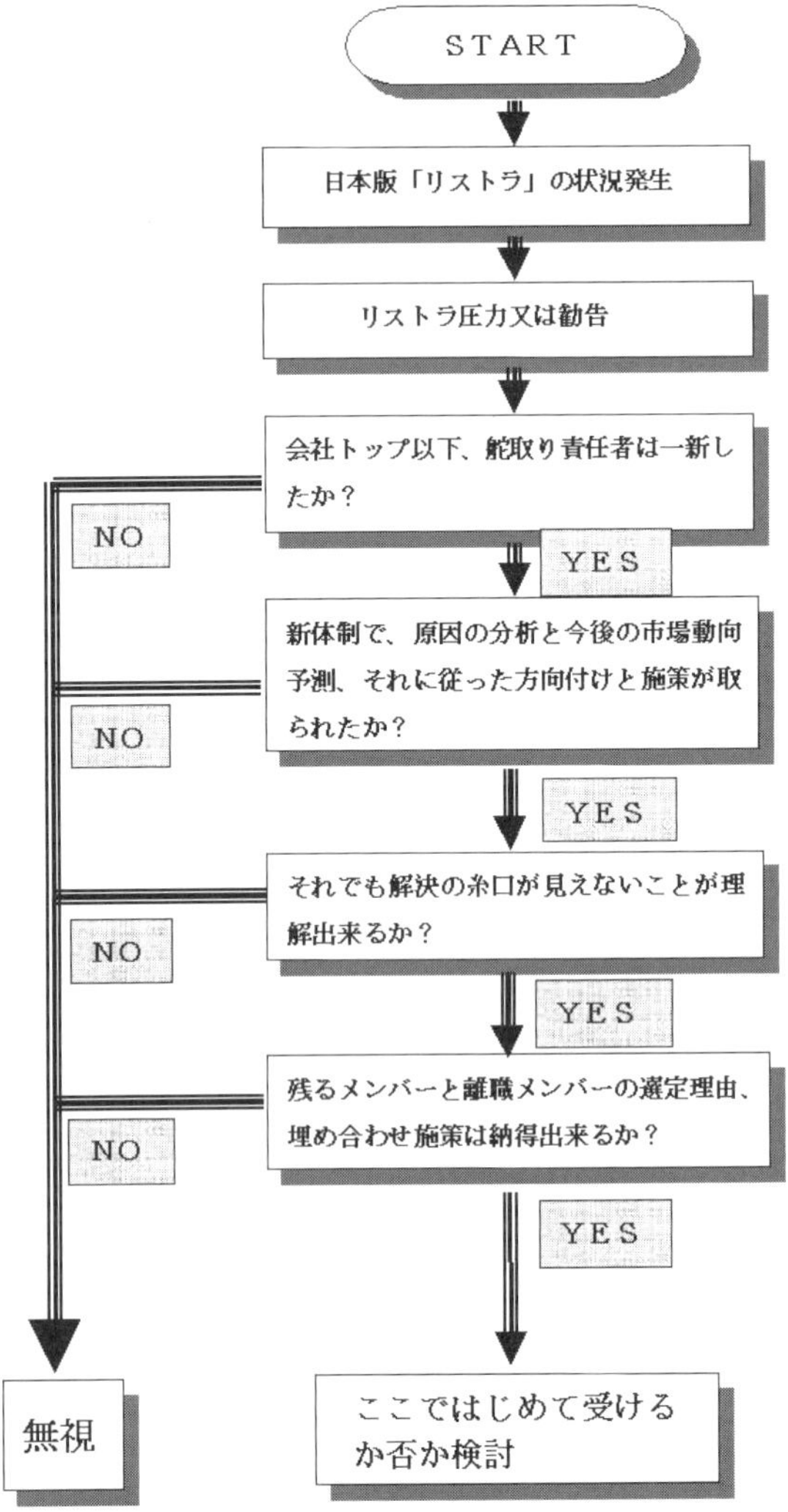
START
日本版「リストラ」の状況発生
リストラ圧力又は勧告
会社トップ以下、舵取り責任者は一新したか？
NO
YES
新体制で、原因の分析と今後の市場動向予測、それに従った方向付けと施策が取られたか？
NO
YES
それでも解決の糸口が見えないことが理解出来るか？
NO
YES
残るメンバーと離職メンバーの選定理由、埋め合わせ施策は納得出来るか？
NO
YES
無視
ここではじめて受けるか否か検討

ⓘもしも、あなたが社長をやってくれといわれたら

五年ほど前になりますが、私にベンチャー企業の経営者になるチャンスが訪れた事がありました。御存知のように、一つのプロジェクトを完遂するためには受注元企業を中心として、他の専門分野の企業、系列企業、それに配下のベンチャー企業などで体制を組み、推進するケースが多い。ここで取り上げるプロジェクトもその典型的なパターンで4社からなる混成チームでした。契約はこの四社と取り交わしていたわけですが、それぞれの会社の中はまた階層になっており、一〇〜三〇名程度の社員を擁する会社の経営者いわゆる社長が六人、NO2が二人いるという、豪華な布陣です。

社長といっても、このような小規模の会社の場合、社長自身が実務上もNO1のキーパーソンであり、現役のプレーイングマネージャーであるケースが多いものです。このプロジェクトも例外ではなく、ほとんどの社長さんがプレーイングマネージャーだったのです。

プロジェクト要員は全部で四五名、期間は約一年半の比較的小規模のもので、私は、プロジェクトマネージャーの立場でこの仕事に取り組むことになりましたが、予想外の問題が多発し、構成メンバー全員が大変な苦労をした挙句、損益上は大幅な赤字というダブルパンチに見舞われてしまいました。私も会社の中では戦犯扱い、それから数年は肩身の狭い思いをしたわけですが、ある時、その中の一つであるA社NO2からお呼びがかかりました。実は、その時苦労

を共にしたB社社長と意気投合し、合併する準備を進めているとの事。狙いは、経営の安定とスケールメリットを活かした事業拡大。ついては、合併後の社長を引き受けてほしいというのです。社長同士が決めたのならまだ分かりますが、当然ながら、A社の社長はどうなるの？という疑問が沸いてきます。しかも、私はA社社長とは面識がまったくありません。A社NO2の話によるとA社社長は起業家ではあるが年をとったのと積極性がないので話し合いを持って、社長の座を降りてもらうつもりとの事。A社約三〇名、B社約二十名、合併すると約五〇名の会社になります。小規模の会社ではありますがお山の大将になれます。これは何といっても大きい。マズローの欲求第四段階「他者による尊敬の欲求」も今より満たしてくれるかもしれません。通常、お山の大将になるには準備に大変な苦労をし、大きなリスクを覚悟の上で踏み切るわけですが、このケースでは、まず準備のための苦労はほとんどありません。リスクについても、既に軌道上を走っているわけですから、はっきりと判断できます。しかも、私に期待しているる事はプレーイングマネージャーや、大手企業の人脈による受注の確保、拡大でもなく、純粋な舵取りでした。一風変わった、常識を錯覚と決め付けるようなセンスに期待しているとの事。こんなタナボタみたいな話はめったにあるものではないでしょう。このような状況下、結論を出す必要がありました。その時の思考内容を表5―2に示します。

表　5－2　方向選択のための比較表

項目	長　所	短　所	備考
経済面	自分の舵取り次第では 大化けの可能性がある。	当面は今の給料より ダウンする。(2～3割) 腐っても鯛、 大手企業の給料は やはり悪くない。	
欲求の 満足度	マズローの欲求四段階 「他者による尊敬の欲求」 が満たされる可能性がある。	中小企業の一般的な デメリットである マズロー欲求第二段階 「安全の欲求」が脅か される可能性がある。	
生き甲斐	仕事という部分的な 要素では間違いなく 生き甲斐が大きくなる。	時間的な制約が大きく なり、仕事以外の生き 甲斐追及が満足に出来 なくなる可能性大。	

決断は表5―2の各要素のウェイトをどの様に捉えるかにかかってきます。そのウェイトは人によっても異なるはずです。また、年齢によっても変化するでしょう。私の場合の優先順位は次の通りでした。

①経済面

成功確率の問題を考えると、むしろデメリットの方がクローズアップされる。

②欲求の満足度

以前は違ったと思われるが、今では私の価値観が名より実を取るように変化しており、「他者による尊敬の欲求」も大きなメリットとはなりえない。それよりも、安全欲求を脅かされるデメリットの方が大きい。

③生き甲斐

このメリットはとても魅力的。現在（＝現役時代）だけで判断すればデメリットよりメリットの方が勝る。

けれども私の場合、未来（＝定年後）も現在と同レベルに重要視しています。

そして、そのための準備をすでにはじめています。その準備に対するデメリットを含めて比較するとどうしてもデメリットが勝ってしまいました。

こうした分析結果から、私はこの話をお断りする事にしました。それから、ほぼ五年が経ちましたが、今でもその時の選択を後悔する事はありません。

ここまで読んでいただくと、「なんだか否定的な、夢のない話ばかりだな、もう少し夢のある話はできないのか」と感じ始めている方もいらっしゃると思います。

そこで、もう一度繰り返しますが、**私は、仕事という部分的な要素だけでなく、人生全体に対し前向きで、肯定的で、夢を持って積極的に対応しているつもりです。**全ての要素に前向きに対応しても、相互に依存関係がなく成立すれば良いのですが、とかく、一方立てれば一方立たずのケースが多いもの。その時は、自分にとって、プラス要素がより多いものを採用し、少ないものは整理するしかありません。社長業の話でも、この感覚で**夢を大切にし、意欲的に生きるために出した結論**に過ぎないのです。

ⓙ価値観の相違、その根本原因

ここでは、問題が多いと思われる日本の価値観がなぜ生まれたのか、欧米となぜ違うのかを少し詳しく掘り下げます。

個別主義社会と普遍主義社会

まず、個別主義（個人主義、利己主義とは違う意味）と普遍主義の話です。

個別主義社会とは、個別的人間関係や、人と人とのふれあいを重視する社会と定義します。

次に普遍主義社会とは、客観的な原理原則、理屈、例えば宗教や政治イデオロギーの上に成り立っている社会を意味します。この二つの言葉で、欧米と日本を比べた時、結論から言いますと、

日本＝個別主義
欧米＝普遍主義

となっています。そうなっていそうだな、という感覚は皆さんも持っておられると思います。その理由はとなると、ますます深みにはまりますので、ここでは、そうなっているという事実から出発します。日本は、個別主義ですから、企業も個別主義です。したがって、その中で人と人のふれあいを大切にします。お茶くみの習慣、小グループ活動、文化教室、各種クラブ活動、飲み会、同僚上司部下との付き合い、慰安旅行、運動会、ゴルフ、テニスなど数え上げたらきりがないいくらいコミュニケーションの場があります。

一方、欧米は普遍主義ですが、企業組織はその中に含まれない、つまり普遍的な原理原則、

アイデンティティを持つ組織ではないと捉えています。普遍主義の世界で、普遍主義の対象ではないと捉えられているわけですから、目的にもなり得ないし、愉しみの対象にもなり得ません。この違いが全ての根源と思われます。なぜ欧米では企業組織を普遍主義の範疇に含めていないのか、それは、次に述べる「欧米の、仕事に対する捉え方」に起因しているようです。

この結果、欧米では地域社会、家族、信仰サークル、クラブなどの個人的付き合いの中で行われるものが、日本では企業組織の中で行われます。するとどうなるでしょうか。なんだかんだ言っても、企業=仕事です。一方、企業=個人的ふれあいの場=人生の目的という現実、この二つを合わせると仕事=人生の目的となります。結果、家庭と仕事の両立を忌避するような倫理観、価値観ができあがっています。プライベートを重視するような人間はもう犯罪者扱い。この状態で定年を迎えるとどうなるか容易に想像できるでしょう。突然目的がなくなって面くらい、戸惑うという図式。これが、「現役時代」は仕事一点集中、プライベートライフの軽視という価値観と、定年後の悲劇を生み出している源泉なのです。

欧米の、仕事に対する捉え方

次に、欧米での仕事に対する捉え方を説明します。

これも、国の成り立ちが大きく影響しているわけですが、まず、仕事=労働と捉えています。

そして、労働は「原罪によって楽園から追放されたアダムとイブの子孫である人間が、神に対しその罪を償うために課せられた義務」という理解から出発しているそうです。したがって、労働＝苦痛という概念ができあがっています。義務だから、人によって量も決まっており、長く働くのは義務を果たす、つまり労働の効率が悪いからだという考えになります。

当然の帰結として、プライベートライフを重視するようになります。

以上から、①考え方を変えるという言葉の具体的な意味と、②日本の「会社人間文化」、「働きすぎ文化」が短期間に変わりそうもない、という二つの事がお分かり頂けたと思います。

しかし、人生は待ってはくれません。

どうです皆さん、**自分文化先進国、一人文化先進国**になりませんか？　考え方を変えましょう。そうすると世の中が見えてきます。人生がもっと楽しくなります。

ⓚ 前提条件の再確認

ここまで述べてきた事には前提があります。まず、厳しい環境の中で会社が迷走し始め、「リストラ」なる四文字が闊歩しても、倒産する事はないという見通しが必要という事です。会社が無くなったのでは、辞める、辞めないという話とは次元が違ってきます。次に、会社存続の心配は無いまでも、日本流リストラの必要に迫られているケースで、これまで述べてきたレベルではなく、もっと過激ですさまじい仕打ちを受けている場合もあるようですが、これも対象外になります。新聞、雑誌、テレビ他のマスコミはこのような特殊なケースをあたかも全てがそうである様に報道しますが、この二つのケース、すなわち会社倒産のケースと倒産には至らないまでも極端な仕打ちを受けるケースは、割合からすると少ない。日本の場合、人口の絶対値が大きい（労働人口は約六千七百万人）ため、たとえ数％でも百万人単位となり無視できる数値ではありませんが、残りの人口ははるかに膨大です。これまで述べてきた事は、この膨大な人口構成の中の方々が対象であり、二つの特異ケースは対象外という前提があります。

特異ケースの内容はそれこそ千差万別、したがって、対応法も一般論で割り切れる代物ではなく、個別対応が必要な世界であると理解しています。

①性的欲求の話

次は、なぜか所属と愛の欲求階層に分類されている性欲の話です。

性欲は、食欲と同じく生理的、本能的な基本的欲求で、本来、種の存続の本能と等価であるべきですが、人間はなぜか一年中欲求があり、また、種の存続目的ではなく快楽をもとめてＳＥＸをします。

基本的、生理的欲求にもかかわらず、性欲は食欲と違って満たされなくてもなんとか生きて行けます。しかし、人間の基本的欲求ですから満たされない場合、人生の厚みがその分減り、満足感もなく、次の段階へチャレンジするエネルギーも沸いてこないでしょう。個人差は大きいと思いますが……。

いずれにしても、この欲求はかなり強いもので、時としてそれは殺人事件まで引き起こしたり、インターネットの飛躍的発展の影の主役はアダルト系だと言われているように、ひょんな事から社会の発展に役だったりもしています。また、社会構造を見ても、性産業のなんと多い事か。

いわゆる風俗産業は、立派に社会構造の一角をなしていますし、出版関係でも性というテーマを除いたらどれくらい残るのでしょう。単にエロティックな新聞、雑誌だけではありません。映画、音楽等のレジャー分野でも男と女の事、広い意味では性を扱っている作品が殆どではないでしょうか。

これは、我々人類の性欲がそれだけ強い事を意味しています。クレオパトラの鼻の話ではありませんが、時として、天下国家を動かしたりもします。ことほど左様に我々にとって重大なテーマのひとつであるSEXです。人生を豊かにするために、これを軽視する手はありません。積極的に飛び込み、愉しむべきです。

なにしろ、人類はその様に作られてしまっているわけですから。但し、社会秩序を乱さない範囲でね。

社会秩序を乱さない範囲という意味は重大です。人生の目的のところで述べました「お互いに」の意味をかみ締めながら行動する事が大切です。

人類にとって、とてつもなく大きな欲求ですから、その満たし方、レベルによってその人の幸福度は大きく違ってくるはずです。

タブー視せず、社会秩序を乱さない方法と範囲の中で、自分の心に忠実に取り組むべきテーマだと考えます。

(5)第四階層　自尊心と他者による尊敬の欲求

名誉欲、自己顕示欲等、他人から尊敬されたい、他人に認識させたいという欲求は人類にとって強い欲求なのでしょうか？　また、その評価基準は何なのでしょう。

仕事ができる、頭が良い、芸術的才能がある、人物家だ、自分の事よりも他人の事を考える人だ、また、次元は少々違いますが、資産家、政治家、歴史に名を残す、等々。

逆に、利己的な人、犯罪者などは軽蔑されます。

自分がそう思われたいという欲求があるから、その様な行動に出るし、逆に、そう思われたくないという欲求が行動を抑止している面もあるでしょう。

もっとも、犯罪などに対する抑止力はこのレベルに加え、社会秩序を保つ手段として人間の知恵が、様々なルールを作り出しているわけで、単に思われたくないという心理的な抑止力以前の仕掛けも作り上げています。

何故、そのように進化してきたのでしょうか。その方が、集団生活において、絶滅を防ぐために役立つのでしょうか。

実は、現代社会―基本的な欲求が満たされている社会―においては、この欲求が人生の目的の一つ、それもかなり大きな割合を占める目的の一つになっているような気がします。

そして、この欲求―基本的な欲求が満たされたが為に顕在化してしまった欲求―が、多くの人にとって、それが、満たされないという意味で、人生をつまらないものにしている側面もあるようです。この様な欲求に対し、我々が置かれている立場で、どう考えれば人生が楽しくなるか、悔いのない人生を送れるかという観点で話を進めます。

我々は、若年層から熟年層までのツリー型人員構成の中で仕事をしています。

中には、逆三角形の人員構成の職場もあるでしょうし、ひょうたん型人員構成の場合もあるでしょうが、多くの場合、ツリー構造になっていると思います。

そして、よく言われる上からの圧力、下からの突き上げの板ばさみ……中間管理職の悲哀。

これに、リストラの影が見え隠れしているのが現状でしょう。少なくとも仕事に関係する世界の中では、「他人による尊敬の欲求」どころではありません。ここでヒントです。実は、この欲求がない人、「他人による尊敬の欲求」が少ない人を人々は、飾らない人、自然体で生きられる人として評価し、逆に尊敬もするという現実があります。したがって、この様に考え方を変え、自分自身が変身するのも一つの有力な方法でしょう。

「あんたね、簡単に言うけど、人間なかなかその様に考え方を変える事はできないよ」と思っている貴方の為に、身近な方法を提案します。

とりあえず、この欲求は忘れた振りをしてください。忘れた振りをして、先へ進みましょう。第五段階の「自己実現」及びその先の「第五章　三　第三要素　生き甲斐に関する考え方」へ進んで下さい。

私の経験から言える事ですが、自分発見の旅及び「第五章　三」の生き甲斐を探求する世界の中では、仲間同士で、お互いに認め合い、尊敬し合う可能性が高いのです。

ここでは、仕事のように利害関係は伴いません。人間は、利害が伴うとどうしても醜い、見苦しい、あさましい心が出てきます。これが、国と国になると平気で殺し合いまでしてしまいます。なんといっても自分が一番大切なわけですから、これもある程度仕方ないと思いますが、この意味でも、利害が伴わない世界をできるだけ多くしたほうが良いわけです。

(6)第五階層　自己実現の欲求

「自己実現の欲求」を「自らの事を為（な）す」と捉え、それを実現した人、できた人は殆どいないという高レベルな事と解釈している人もいるようですが、ここではもう少し範囲を拡大し、「自分発見の欲求＝自分の才能発見の旅」とでも解釈して話を進めます。

「好きこそ物の上手なれ」という言葉があります。これは、才能や、個性にマッチしたものは自分でも愉しいいし、また上手になるという意味だと思いますが、自分にとって愉しい仕事、自分の才能を最大限発揮できる仕事で生きていける人は恐らくその仕事だけに集中しても豊かな人生を送れるはずです。

しかしこうした人は、割合からすればごく少数派、大部分の人は錯覚した生き甲斐の中にいたり、ストレスに押しつぶされそうな状態の日々を送ったりしています。

仕事に人生の目的、欲求に対する満足が得られなければ、それは基礎的な欲求を満たすための手段、生活の糧を得るための手段と捉え、人生の付加価値を追求する必要があります。その中の一つとして、この章のテーマである自己実現＝自分発見の旅は、きわめて大きな意義があると思われます。自分らしい事は人より優れていなくても構いません。

自分の中で相対的に優れているもの、自分らしいものを発見し、それを引き出し成長させる状態を作る事ができれば、愉しい時間のなかに身を置く時間が増加し、充実感、満足感が飛躍的に高まります。

何事においても、自分の成長を確認するのは本当に楽しいものですが、会社教、農耕民族の特徴である右向け右の発想では、自分らしい成長は到底おぼつかない事がお分かりになると思います。かといって、人脈の作り方、人を説得するテクニック、本音と建前の使い分けなどの世界でいくら成長しても、何ともむなしいものがあります。技術的知識の蓄積等は多少役に立つ場合もあるでしょうが、ほとんどの場合定年後は役に立ちません。

ロシアの文豪トルストイは「年の終わりに振り返って、年頭の自分より成長したと確認できる事ぐらい幸せな事はない」と言っているそうです。また、逆の意味で次のような話があります。

「ギリシャ神話に出てくるシジフォスは、ゼウスの怒りを買い過酷な罪を与えられる。何トンもある岩石を人力で山の頂まで運び上げさせられる。山頂まで運び上げると、とたんに岩はふもとまで転がり落ちるので、また一からやり直し。シジフォスはこの作業を永遠に繰り返さなければならないのである。

この刑罰の過酷さは、いくら努力しても報われない、進歩のあとを確認できない事である。」

仕事の世界は、たとえ同じ事の繰り返しでもまだ許せます。所詮、時間的に二割程度の中での話。そして、生活の糧を得るものと捉えれば我慢もできます。しかし、時間的に人生の八割を占めるプライベートな世界でその様な状態、つまり、日々同じ事を繰り返す状態だとすれば、これはとんでもない悲劇であるという事がお分かりになるはずです。

と、ここまで来たところでどうでしょう？　よく考えてみると現実は逆になっていると思いませんか？　仕事の世界では、報われる報われないにかかわらず、成長する事に躍起になり、プライベートな世界では同じ事の繰り返しになっている事はありませんか？

この事は、次の章で述べる生き甲斐の追求と相通ずるものがあり、合わせて考えてみる事にします。

三　第三要素　生き甲斐に関する考え方

ここまで述べてきました二つの要素、心身の健康の確保、欲求に対する満足が十分獲得できたとしても、それだけで積極的に人生を愉しめる訳ではありませんが、それに付加価値を付ける事ができれば事情は違ってきます。

欲求のところで述べた付加価値的欲求の場合はその様なケースもあるかもしれません。

例えば、グルメが生き甲斐という人がいます。このような人は、食欲という生存の欲求の範疇を超え、美味しい味、珍しい味の追求に愉しみを見出し、好奇心を満足させているわけで、立派な生き甲斐のひとつといえるでしょう。

また、自己実現のレベルでは生き甲斐に値するものも数多くあります。このレベルの要素が、人生に役立ってくれればそれで十分かも知れません。しかし、人生を楽しむ手段はまだまだいくらでもあります。

娯楽といわれるマージャン、パチンコ、囲碁、将棋、映画から美術、音楽、陶芸、写真、その他にもパソコン、釣り、登山、マリンレジャー、ガーデニング、各種クラフトや堅いところでは知識欲、好奇心、探求心を満たしてくれる各種の勉強等々。

この様な、一般的に趣味と言われる世界を多く持ち、その世界に浸れる事は、人生に彩りを添え、厚みを与えてくれます。

この世界は、前章の自己実現のところと多くの面で重複しますが、前章が自分とは何かを発見すると言う、やや難しい……なんだかよく分からない世界であるのに対し、ここではいわゆる「単なる遊び」も対象になります。よく考えてみると、受動型、消費型の遊びと思っているものでも実はほとんどの場合深みがあり、進歩する愉しみも隠れているようです。受動型の代表である映画鑑賞にしても本気で取り組もうとすれば、映画解説者の故淀川長治さんのような深みを愉しむ事ができます。

ごろ寝してテレビのバラエティ番組などを見るのが何よりも愉しみというような人は、さすがに深みも進歩もないように見えますが、この場合でさえも、実は知らず知らずのうちに雑学の知識がレベルアップされており、その事が本人に、満足感をもたらしているのかもしれません。

結局、ある人が、オレはこれが一番愉しいし、この生活パターンを維持できればよいと考え、且つ、本当に満足している場合は、その人にとってそれが、自分らしさの実現に該当しており、その人の世界の中で進歩、発展が伴っているのでしょう。したがって、生き甲斐とは、狭義には自己実現と同義語とも解釈できます。生き甲斐を感じる事ができるような楽しい時間を多く持つ事は、三つの要素の一つである心身の健康にも大いに役立ちます。

また、第二ステージにおいては、それがささやかな収入になり、安定の欲求にも役立つ可能性があります。三つの要素の相互依存関係の一例です。

自分は勉強が嫌いで知識欲も好奇心もないし、別に何か娯楽を愉しもうとも思わない。ただ、酒と女（女性の場合は男）をこよなく愛する。多くの異性（同姓の場合もある？）とお付き合いする事が、自分にとって一番愉しく充実した時間を過ごせる。

そのためには、どんな対価を払っても構わない、と思う人はそれを実行すればいいのです。但し、自分の財力の範囲で、且つ相手及び周囲とのゴタゴタも発生しないようにうまくできればの話ですが。

私も、この様な自由な発想のもと、約五種類の趣味を持ち愉しんでいます。

その中の一つに、ごく平凡ですが映画観賞があります。

誰かが「映画は昼間見る夢である」と言っていましたが、言い得て妙、まったく同感です。居ながらにして別世界へ行けるのはすばらしい事です。

ここでわざわざ映画を取り上げたのは、愉しむ手段がちょっと変わっているからです。

一般的には、映画館に行くか、テレビを見るか、ビデオを借りてきてテレビ画面で見るパターンが多いと思いますが、我家では、一三年前から三管式プロジェクターというものを導入しています。

したがって、家庭で、一〇〇インチの画面で迫力ある映画を見る事ができます。面白いのは皆が「わースゲー」と喜んでくれる事です。

これは、結構良い気分になります。わりと単純。皆さんも経験されていると思いますが、映像の迫力、愉しさ、印象等は画面の大きさに比例します。

まだ、家庭では珍しいという事もあるでしょう。家庭で気軽に大画面の迫力を満喫しながら、且つ皆の驚嘆の言葉にちょっぴり満足しながら、映画を愉しんでいます。

ところで常々疑問に思っているのは、この様に価値のあるものの普及率が、何故低いのだろうと言う事です。一三年前のプロジェクターの価格は約百二十万円。今はもっと安く、同様のスペックでは定価で八〇万円まで下がってきています。これは、例えば軽自動車一台の価格です。軽自動車をセカンドカー、サードカーとして購入する人は珍しくありません。

また、車検前になると四年目ぐらいの車でも、一〇〇万円ほど追加して、新車に置きかえる人はいっぱいいます。企業戦略と、セールスマンの話術にはまっているケースも多々あります。ところが、同じような価格のプロジェクターを購入する人は、比較にならないぐらい少ない。

第一章で述べたコストパフォーマンス（費用対効果比）はどうでしょうか。車検を前にして新車に置きかえる人はともかく、セカンドカーの利用頻度は、一般的には少ないと思われます。

一方、プロジェクターは毎晩でも利用します。このように、利用頻度と、それが与える「幸せの素」の量を考えた場合、コストパフォーマンスは、プロジェクターの方がはるかに高いのです。この様なケースは他にも数多く存在します。

自分も人と同じ事をしていないとなんとなく不安。みんながゴルフをやるから、自分もやらなければ心配。右向け右でなく、自分で判断し、自分の考えで行動すれば時間やお金の使い方がずっと効率化され、愉しさ、面白さも倍化される事は山ほどあります。

農耕民族を卑下するわけではありませんが、その特徴の一つである右向け右の習性だけはそろそろ卒業したい。周りの雑音や流行に惑わされず、自分の尺度で判断し、選択する習慣を身につけたいものです。

事例を少し柔らかいものに切り替えますが、あるネオン街のママさんが、時々いなくなるという話を聞いた事があります。原因は御想像のとおり男。いわゆる駆け落ちをしているわけですが、数ヶ月すると戻ってきてまた店を始めるのだそうです。駆け落ちをするぐらい熱くなれば、覚めるのも早いであろう事は容易に想像できるはずですが……。それはともかく、その方は、もしかして我々が想像する以上に楽しく素晴らしい人生を送っているのかもしれません。

要は、自分が傷つかず、相手も傷つけず、周りに迷惑をかけなければ、熱く燃え、楽しく充実した時間を過ごした分だけ儲け物。

もっとも、自分も相手も、周りも無傷のままで、駆け落ちのような大恋愛を何回もやれるのであれば、私もそのコツを教えてもらいたいものです。

人間は何か目標を設定し、それに向かって進む事が結構楽しいようにできているという事は既に述べました。

囲碁、将棋なら何級、何段まで行きたいとか、同時に付き合う異性を何人まで広げられるかとか（こりゃないか）、とにかく目標を設定したらなんでも面白くなります。

私の知人に全国の駅名を暗記している人がいました。とにかく全国のあらゆる鉄道の駅名を猛烈なスピードで言う事ができるのです。

但し、新駅ができたり、駅が廃止になったりすると、しばらく乱れるのだそうです。

本人には聞きそびれましたが、このような人は、駅名をマスターすれば、次の何かを目標として設定し、チャレンジするのでしょうか。こんなユニークな趣味も面白い。**ユニークなほうが、希少価値という武器があるため人々の興味を引き、**一人悦に入れるというメリットもありそうです。

かって、「猛烈社員」という言葉が流行った事があり、当時、善悪は別として、それを尊敬、崇拝するという響きがありましたが、「会社人間」という言葉はこれとは違い、仕事の意味を履き違えているかわいそうな人々といった意味が込められています。

このような言葉が一人歩きをはじめたという事は、ようやく日本も文化的に欧米に近づいてきたのでしょうか。

この**「会社人間」という言葉の意味をよくかみしめていただき、少し高台から人生を見つめ、**生き甲斐探しの旅に出たいものです。同じような事は「生き甲斐の指導」という事で政治的な動きも始まっていますし、関係する書籍も数多く出回ってはいます。しかし、これに関しては受身ではいけない。

なんといっても自分の事なのですから、自分の意思、判断で行動する事が大切です。

手探りから始めるのもよいでしょう。まずは、なにから始めるかを考える事を愉しんでみてください。これまで失った時間は多いとは思いますが、第二ステージまで含めて考えますと、まだまだ三分の一程度を失っただけです。これから述べる、「人生の再設計」のなかで、第二ステージと連携させて考える事ができればそれに越した事はありませんが、現在だけを見つめたものでも構わないと思います。

では、素晴らしき生き甲斐探しの旅へＧＯ！

第六章　第二ステージの設計内容紹介

一　再設計を始める前に

さて、人生の中で仕事が占める時間は1／5以下なのに対し、定年後の時間の割合は約1／3を占める事は既に述べました。図5―1では各要素の時間的割合をイメージとして示しましたが、ここで再掲し、且つ各要素の時間を記入してみます。仕事をしている期間の睡眠時間は、仕事とそれ以外の両方にかかりますのでややこしくなります。そこで、純粋に昼間の、意識のある時間だけで比較してみます。

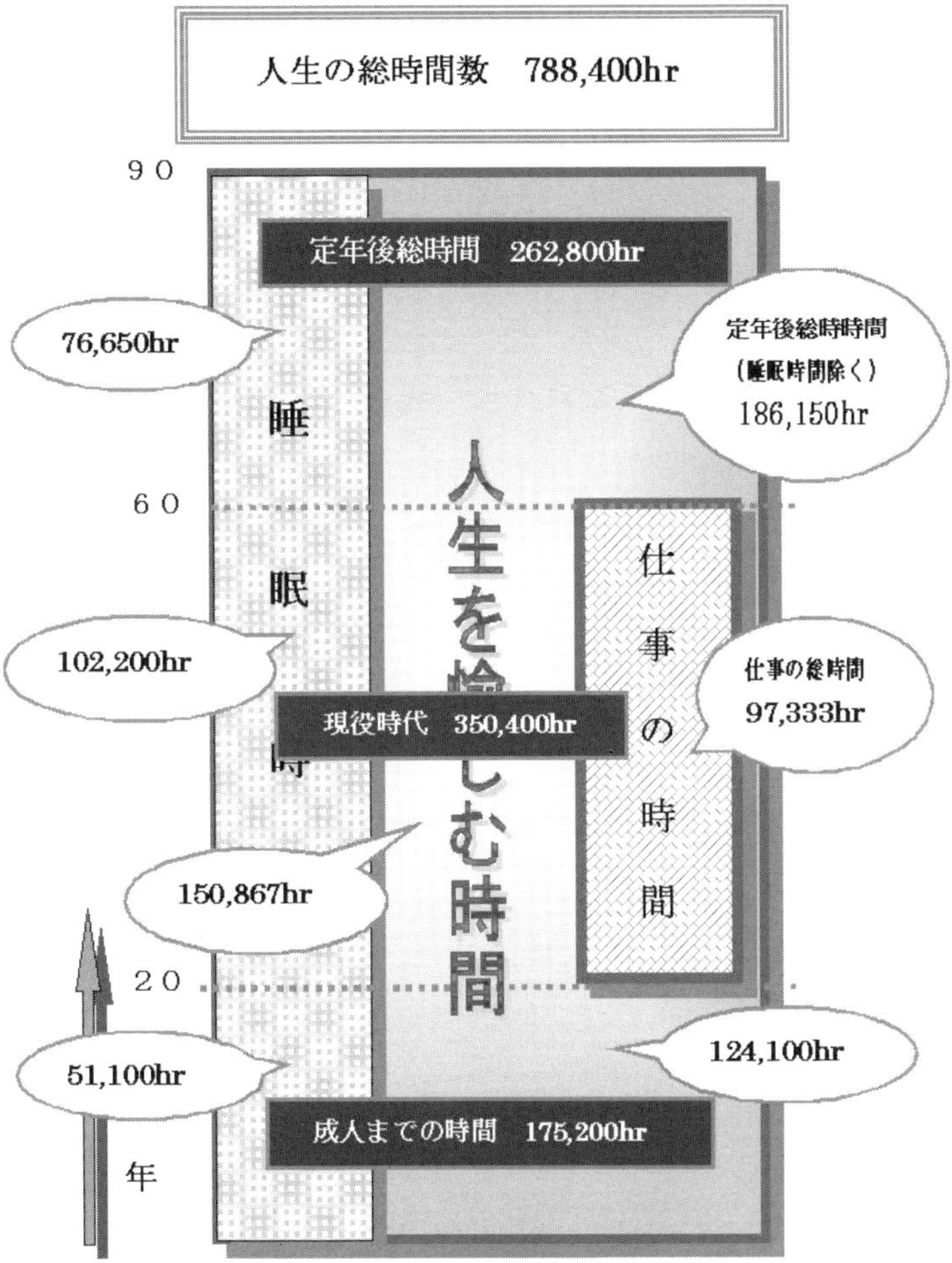
人生の総時間数　788,400hr
90
60
20
年
定年後総時間　262,800hr
76,650hr
定年後総時時間
（睡眠時間除く）
186,150hr
睡
眠
仕
事
の
時
間
102,200hr
仕事の総時間
97,333hr
現役時代　350,400hr
150,867hr
124,100hr
51,100hr
成人までの時間　175,200hr

図６－１　人生の時間計算

この結果からわかるように、現役時代の第一ステージでさえも、**仕事以外の時間の方が長い（約一・五倍）**わけですから、ポリシイを持った再設計が必要な事がお分かりになると思います。

また、**仕事の時間と定年後の時間を比べますと、定年後の時間は実に約一・九倍を占めています。**（186,150/97,333＝1．912）

定年は時間的ウェイトでもこのような大きな割合を占める、新しい人生のスタートなのです。

⑴第一ステージに関する準備期間の検証

では第二ステージを迎えるにあたり、どのような事をどのくらい準備すべきかですが、まず、我々が第一ステージの準備にどれくらいの時間を掛けているかを検証してみます。二〇歳までは単に第一ステージの準備だけでなく、人生全体の準備をしています。殆どの人は、第一ステージの準備をしていると思っているかもしれませんが、実は文字を覚える事、義務教育で習う基礎的な知識、学問等は結果的に第二ステージでも大いに役立ちます。つまり第二ステージでも役立つ共通の準備をしているわけです。

しかし、受験勉強、就職活動等、第一ステージのみの準備もかなりの割合で行っています。

したがって、明確な判定は難しいのですが、少なくとも約二〇年の半分、つまり**約十年は第一**

ステージの準備をしていると考えて良いのではないでしょうか。

第二ステージについても、これに相当する時間を掛けて準備するのはむしろ当然の事と思われます。しかし、これまで述べたような価値観が支配する中では、なかなかその様な考えにはならない。また、第一の人生の中で、仕事に追われながらそれに匹敵する時間を作るのは困難……、いや不可能と思うのではないでしょうか。しかし、そんな事はありません。

「やれない理由を並べるのではなく、やるためにはどうすれば良いかを考える事が大切」と言う言葉があります。

この言葉を貴方自身に当てはめてみて下さい。時間がないと思っている人に、私は自信を持って言えます。「**貴方はやれない理由を並べているだけです**」。

より心に焼き付けて頂くために、もう一つの話をします。時間は生み出すものという言葉があります。当たり前の事ですが、厳密に言えば現代の科学で時間は生み出せません。（将来はわかりませんが……）。

この言葉を現実的に解説しますと、物理的な時間は図6―1のように十分過ぎるほどあるにもかかわらず、ただ漫然と消費してしまっている事を指摘しているわけです。

以上の事をまとめますと

①第一ステージの準備実績から類推しても第二ステージの準備には約十年が必要。そのため

には、定年の十年前には概略設計が完了していなければならない。
② ①を実行する時間がないというのはウソ。物理的時間は十分ある。後はその時間を活かすか殺すかである。
という事になります。

(2)第二ステージの再認識 ―第一ステージとの相違―

ここでは、設計の前提となる第二ステージの特性について見直します。第二ステージは自由な時間が腐るほどあります。また、ドロドロとした人間関係も上下関係もありません。

お金が絡む利害関係も大幅に少なくなります。ここを充実して過ごすか、ただ漫然と無気力に過ごすかはその人にとって、人生の約1／3を、**仕事の時間の約一・九倍**の時間を活かすか殺すかになってきます。

第二ステージはマズローの第一、第二欲求は守られます。年金制度が云々されていますが、私は生理的欲求／安全の欲求レベルが守られない年金制度になる事は無い、と予想している事をすでに述べました。

ビジネスの世界では「見とおしは悲観的に、行動は楽観的に」という含蓄のある言葉がありますが、第二ステージの設計については見通しも行動も楽観的にしたいものです。

それは、悲観的になっては夢のある積極的な設計ができない事と、万一見通しが狂ってもビジネスの世界の舵取りミス、見積もりミスの様に致命的な打撃を被る事は少ないからです。したがって、ここでは楽観的に年金制度は現在の額からプラスマイナス三〇％程度の幅で確保できるという事を前提に話を進めます。

なお、この前提が崩れたらどうするかですが、実は私の場合、崩れても最低＋αの欲求ぐらいは満足できる（であろう）設計になっています。乞う、ご期待。

二　欲求の自己分析

マズローのいう欲求五段階のそれぞれの強弱は、人によって千差万別と思われます。例えば芸術家タイプ、政治家タイプ、学者タイプ、商売人タイプ、企業の中でも営業向き、事務屋向き、技術屋向きとタイプ分けができる様に、人間の才能も性格も多種多様。したがって、欲求の強弱も多種多様でしょう。私も自分なりに自己分析してみました。

結果は以下のようになりました。

表　6－1　マズローの欲求５段階説自己分析表

項番	大分類	小分類	分析結果	備考
1	生理的欲求	食欲	結構強い。 欲望を通り越して、 楽しみに昇華させたい。	
		雨露を しのぎたい	平均的です。	
2	安全欲求	心配事を なくしたい	平均的です。	マズローの この５段階 説をもとに、 より平易に した形があ ります。 それは ①生存欲求 ②所有欲求 ③差別化 欲求 ④創造欲求 の四段階に 分類した ものです。 ②はこの 二つの欲求 の中に含ま れます。
		苦痛を なくしたい	平均的です。	
		不快感を なくしたい	平均的です。	
		宗教、保険	普通より弱い。 あまり興味がない。	
3	所属と 愛の欲求	集団への帰属	一人でいるのが好き。 皆でワーワー騒ぐのも好き。 人が来るのは好き。 お土産を持ってくる人は もっと好き。	
		愛情	平均的です。	
		性欲	平均的でしょう。	
4	自尊心と 他者による 尊敬の欲求	認知して もらいたい	普通より弱い。 (というより弱くなった という方が正しい) 身がなく考え方次第な ものは卒業した。	
		尊敬して もらいたい	同上。	
5	自己実現の 欲求	自分らしさの 表現欲求	人より強い。	
		自分らしさの 創造欲求	人より強い。	

この中には、必須の欲求もあります。必須の欲求は満足させなければ生きていけないわけですから、獲得する事が前提ですが、付加価値的欲求は考え方を変える事によって強弱も変化します。この表は現時点の分析結果ですから、私が人生経験を積む過程で意志を持って、あるいは無意識に考え方を変化させた結果も反映されています。

これからは、私自身の欲求構造がこの様になっている事を認識した上で、第二ステージの準備期間を十年と捉え、具体的にどのような行動を取り、準備をしていっているかを御紹介していきます。

なお、設計は、このマズローの欲求五段階説を意識して行ったわけではありません。自分がどの様に生きたいかを見つめ直した結果から導き出したものです。この法則に当てはめて説明した方が、体系的で分かりやすいと思い、引っ張り出しているだけです。

したがって、設計内容がこの表の全てを満たしているとは限りません。満たしていないものの中には、私の付加価値的欲求が少ないため、無視して良いものもあるでしょうし、単に自覚していないだけで、これから追加が必要なものもあるかもしれません。

追加が必要なものが出てくれば、その時対策を考える事にしますが、いまのところこれで十分と思っています。

「幸せの素」を得るためには他の二つの要素、すなわち心身の健康の問題や、生き甲斐の問題もあります。これから紹介する第二ステージの設計内容が、この三つの要素にどの様に影響しているかは、「第六章　五　三つの要素に当てはめた整理」で考えてみる事にします。

三　カントリーライフ

それでは、第二ステージにおける具体的な設計図の紹介です。

まず、大きな意味では田舎へ移住するという事。これは、田舎暮らしをするという意味ではなく、場所を田舎にするという意味です。どのように違うかについて、追って具体的に説明します。まず、場所を田舎にする理由は以下の通りです。

①第一ステージでそこそこの家は持てたが理想的なものではない。第二ステージでその夢を実現させたい。夢の実現とまでは行かないまでも、より理想に近づけたい。
そのための資金を得る手段として、現在の土地、つまり割高な土地を活用する。値下がりしたとはいえ田舎に比べれば現在でも十倍、二十倍はします。

高い土地でも、売らなければ単なる土地です。

②大都市で、約三十年を過ごしましたが、定年までいると四〇年弱になります。大都市には

大都市の長所がありますが、もう十分堪能しました。今は、田舎という未経験の世界を経験したいという好奇心が出てきています。なお、未経験といっても、私の実家は九州の田舎なので、高校までは田舎暮らしを経験しています。したがって、単なる情報やムードだけで判断しているのではありません。子供のころの田舎暮らしの経験と、現在の大都市の生活経験を踏まえた上での判断です。

③交通渋滞、人の多さ、イベントの待ち行列など、大都市の特徴（？）は私にとってストレスになります。

④海と山と船のある生活を手に入れたいという欲求。

⑤田舎暮らしのメリットとしてよくいわれるキーワードがあります。豊富な自然、野生動物、野鳥、山菜、釣り、星空、ほたる、薬草、自給自足、炭焼き、畑仕事、有機栽培、果樹、ゆったり流れる時間、素朴な人情……。これらの事が、私にとっては全て非常に魅力的な事。

田舎への移住計画を立てた理由は、ざっとこんなところです。

表6―2に大都市と田舎の長所、短所をまとめてみました。

表　6－2　大都市と田舎の比較

項番	分類	大都市	田舎	備考
1	長所	仕事場に近い。	時間がゆったり流れる。つまり、ストレスが少ない。	前提が、都市の企業に勤務する人々であるため。
2		文化施設、各種イベントが享受出きる。	自然がいっぱい。	
3		第三次産業が多く楽しみが多い。	自給自足の生活が可能。	
4		仕事仲間も含め蓄積された人的財産がある。	土地が安い。	
5		—	物価が安い。	
6	短所	自然環境が悪い。(汚染された空気、騒音など)	仕事が少ない。	
7		交通渋滞、交通戦争	三次産業が少なく、楽しむ手段が少ない。	
8		人が多く、ストレスが溜まる	商業施設、文化施設、イベントが少ない。	
9		—	子供と離れ離れになる。	

それぞれの長所、短所には重みがあり、また、人によって評価が異なる場合もあると思いますが、概ね以下の事は言えるようです。

①仕事場に近いという長所ですが、第二ステージでは、意味がなくなります。したがって田舎の短所からは削除されます。そしてこれは大都市に住んでいる人にとってかなりのウェイトを占めているはずです。

②文化施設が享受できない件ですが、これも人生を豊かにし、付加価値をつけるという意味で重要な要素です。しかし、利用頻度となると、意外と少ないのではないでしょうか。

殆ど毎日、何かを活用しているという方もいらっしゃるでしょうが、平均一～二回／月がいいところでしょう。仮に、この程度の頻度だとすれば、田舎から移動して活用する事も可能です。何も、田舎に行ったら都会に出ては行けないというわけではありません。

今は、高速道路網も整備されています。生活に変化を持たせるという意味もあり、むしろ愉しみの一つになるかもしれません。

また、今では、大量の画像データや動画データも送受信できるインフラが整ってきています。これからも、ますますこの傾向は強くなるでしょう。そうすると、わざわざ移動しなくても享受できるものも増えてくるでしょう。こう考えてみると、田舎にとってこれもあまり短所ではなくなります。

③ 次に、蓄積された人間関係という財産に関する件ですが、まず、純粋に仕事だけにかかわる人間関係は、第二ステージでは不用になります。第一ステージでは、当然ながらこれは必須であり、また占有する割合も大きいわけですが。

では仕事以外のつながりはどうでしょうか？ 仕事や、文化的な習い事、あるいは地域住民（ご近所さん）を通して様々な人間関係ができあがっています。それを全て捨て去るのか、と疑問をお持ちの方もいらっしゃるでしょう。

私は次のように考えています。まず蓄積された人間関係の件ですが、これはそのまま維持すればよい。距離のハンデはあるでしょうが、前に述べたコミュニケーションインフラの進歩でいくらかはカバーできるはずです。私は、電脳空間を作り新技術は積極的に取り入れ、この方面でも活用しようと思っています。例えば、囲碁、将棋なら既にインターネットで対局できます。絵画等も画像データの送受信でお互いに情報交換ができます。直接会えるのは年に数回だとしても、かえって新鮮で、感動も沸くのではないでしょか？

加えて、新しい土地で新しい人間関係も生まれるはずです。これもまた楽しみです。後述しますが、私の場合、もう既に新しい土地での人的財産が蓄積されつつあります。

④ 次に子供の件ですが、子供側から反対される確率は、きわめて低いでしょう。無いとは

言いませんが、親が思っているほど子供は親と一緒に暮らしたいとは思っていません。

子供は子供で自分の世界があり、自分と同世代の人間との繋がり、自身の夢が大切で、それ以外は二次的な意識の中にあります。また、そうでなければならないと思います。

では、親から見た場合どうでしょうか？

子供と一緒に住みたいと思う人は多いかもしれません。でも、子供が親の引越し先に来る事は望み薄でしょう。学生ならまだしも、社会人なら仕事の問題もあります。学生でも、いずれ就職するわけで、田舎で仕事をする可能性は少ないでしょう。

そう考えると、田舎へ引っ越す事は子供と離れる確率が高い事になります。そしてこの先は個人の考え方によります。どうしても子供と一緒に住みたい、それが自分の人生の、「幸せの素」の大部分を占めると考える人には、この様なプランは成り立たないでしょう。しかし、その様な考えは俗にいう親のエゴに近く、子供にとってはありがた迷惑のケースが多い。

ここはどうでしょう、子供が親から独立するのが大切な様に、親も子供から独立してみては。

私の場合、考え方を変えた訳ではありませんが、第二ステージにおいて「幸せの素」の対象として子供は入っておらず、それ以外の自分の世界を「幸せの素」にしたいと思うタイプなのでこの問題は殆どありません。

いずれにしても、これらが解決すれば、後は田舎の長所だけがクローズアップされます。つまり、空気がきれいで自然が豊富、騒音も交通渋滞も無く、人も多くない素晴らしい世界が待っています。

先日、関連する記事を見かけました。野末チンペイさんと宮迫千鶴さんの対談記事です。

「第二の人生　田舎で？都会で？」と銘打った対談でしたが、参考までに要旨を書き出してみました。

都市派のチンペイさんの意見

＊都会の最大の魅力は刺激。時代の最先端で暮らすのが楽しい。

＊田舎は交通の便が悪い

＊文化施設がない。コンサートに行けない。美術館がない。プロ野球を生で見られない。

＊都会の刺激は老化予防、ボケ防止になる。

＊会社人間は、田舎はダメだろう。会社の敷いたレールを走るだけの人生を三十年もやると田舎で新しいレールを作る知恵も力もない。

＊都会か田舎かを言う前に、自分を変革できず、定年後も会社人間でいたらこれは不幸。

＊メールやパソコンといってもやっぱり人恋しくなる。

＊年金は全国一律だから、田舎の方が物価が安い分、得。

＊僕は、エキサイティングでないとダメ。夜一二時の新宿・歌舞伎町で、たむろしている若者を見るだけで楽しい。

田舎派の宮迫さんの意見

＊安い土地を探して結局伊豆になった。今いるのは別荘地で、環境は田舎ですが、感覚的には都会の延長みたいなところです。

＊都会の刺激は人工的。自然からも刺激は受けられる。

＊文化施設の件は、私も困りました。そして、「なければ自分で作っちゃおう」と発想が変わり「伊豆高原アートフェスティバル」というイベントが私たち夫婦の提案から始まりました。（このくだりが、第一章「生き方を諭す情報の錯覚」で述べたものです）

＊一軒家を持とうと思ったら、田舎が圧倒的に安い。車の免許があれば不便もありません。

＊私は、一二年経って（移住して一二年経ったという意味）も自然には感動します。

＊最初に感動したのは、落ち葉が腐葉土になるプロセス。腐葉土をなめてみた事があるのですが、シイタケのような菌類の匂いがして、温かい感じがしました。自分が土へ帰るという人生の終わりへと、静かに着地できる気がする。地方に行って得られる心の落ち着きはこれじゃないかと思います。

＊第二の人生で農村型の田舎に入っていくのは難しいでしょう。
＊農村でも漁村でもないエリアに、都市生活をしていた人が暮らす。それによって、すぐそばにある農村、漁村も変容していく。これが二十一世紀の流れという気がします。

それぞれの意見をどのように解釈するかは、人によって違うでしょう。私の場合は田舎派の宮迫さんの感覚の方が理解できますが、それが正しいという意味ではありません。このような事は、あくまで個人の好みの問題です。

四　準備している事

(1) 土地の購入

私の場合、田舎に移住する目的は、何も田舎らしさを求めているわけではありません。田舎が持つ環境がほしいのであって、生活スタイルは都市型のほうが良い。都市型の利便性は確保したい方です。肥溜めではなく水洗トイレ、薪でなくガス、石油ランプでなく蛍光灯、寒い時は水でなくお湯などなど。生活スタイルにおいて現代の科学技術を基盤とした快適装備の数々は必須、また、情報の孤島にも住みたくありません。時代の流れを否定するつもりはないのです。また、人を取り巻く環境も都市に多く見られる「我関せず」でも良し、素朴で情が深く垣根のない世界でも良しです。

これが、「田舎暮らしではなく場所を田舎にするだけ」という言葉の具体的な内容です。目安として、定年の十年前から具体的な準備を開始できるように、約一五年前からぽつぽつと場所探しを始めました。

私は現在横浜に住んでいます。関東一円の場合、近くでは伊豆、ちょっと離れて信州方面が定番になっているようです。

しかし何といっても伊豆は都会です。空気がどうしても都会に感じられます。また、土地も高い。ぐちゃぐちゃ言ってますが、実はこれが決定的要因かもしれません。

信州まで行けば、田舎の空気は得られますが、私にとって致命的なのは海がない事です。

それに、土地も関東一円の数分の一とは言っても田舎にしては高い。信州方面は、最近ちょっとしたブームになっていますので高くなったのかもしれません。

私は元々、ブーム=右向け右=日本人の悪い癖と思っていますので、どうしても身構えてしまいます。これは、なにもブームになったものは否定すると言っているのではありません。ブームになっていようがいまいが、自分にとって良いものが一番なわけです。

大切な事は、周りの雑音に惑わされず自分の信念で判断する事です。

やや脱線しましたが、そんなわけで対象を全国に広げる事にしました。話は前後しますが、一旦は全世界に広げたのです。世界には物価が安く、土地も安く、保安も良く、気候も良いところが無数にあります。

特に物価が安いのは、年金が、相対的に増えたのと同じですからとても魅力的です。ところが、その当時の私には言語の問題が大きく思え、そのデメリットで全てのメリットが帳消しになると判断し、諦める事にました。

後（第六章　六　追加設計）で述べますが、今また、少し変わった姿で復活しています。

ここで、私の条件を整理しておきます。

①海と山があり起伏に富んでいる事。
②都会の空気がない事。
③反面、生活においては、都市型の利便性が確保できる事。
④大都市へも数時間（車）でアクセスが可能な事。
⑤気候が温暖な事。
⑥眺望がよい事。
⑦日当たりがよい事。

⑧周囲の環境が清潔な事。

この様な背景のもと、旅を愉しみつつ探し歩いた結果、某大手デベロッパーが手がけている愛媛県佐田岬の瀬戸町というところにあるリゾート地が、ほぼ私のイメージを満たしていました。この、デベロッパーは、このようなリゾート開発を全国展開しており、ここで紹介する佐田岬もその中の一つです。

余談になりますが、当デベロッパーの「企業姿勢」も気に入った理由のひとつにあげられました。顧客側に立った企業姿勢、具体的には、家の着工時期に制限がない、リゾート地として、別荘利用も良し、永住も良し、ハウス建築業主体のデベロッパーでありながら、建築業者の制限がないなど、多くの選択肢を顧客側に立って用意しているように感じられます。

顧客側に立って物事を発想するという考え方は、いわゆるCS（カスタマーサティスファクション）というキーワードで以前から広く普及していますが、頭で理解していても実践は、とかく難しいもの。

結果論ではありますが、アフターサービスも十分満足できるレベルのものでした。なにしろ、「釣った魚」によく餌を与えてくれます。例えば、土地の境界が不明瞭な（境界の杭がない）ところがあり、確認をお願いした事がありました。すると、専門家に実測させ、法面の範囲、土地の高低、境界ポイントの確認方法を詳細に記載した図面を再作成し、それぞれの角度から見た写真と共に送ってくれました。また、菜園用に隣接している土地（土地の方の所有資産）の入手を相談した時も快く中に立って調整してくれました。これは、先ほどの企業姿勢がなせる業なのか、土地の空気がそうさせるのか、単なる個人差なのかよく判りませんが、それぞれの要素が合わさったものと言ったほうが正解かもしれません。「最良の広告は満足した顧客である」。……味わい深い言葉です。

話を戻しますが、リゾート地の場合、まず日常生活において、都市型の利便性を確保できます。つまり、上下水道が完備しており、環境美化も維持・管理費の中で組織的に行います。そして、四国全体が田舎の空気（失礼）を持っています。

選定したところは四国の北西に位置する細長い半島ですが、海と山は掃いて捨てるほどあります。船の保管料もなんと年間六千円。気候は、年間平均気温一七度、熱帯性樹木のアコウ樹生息の北限という温暖な地です。黒潮の影響でカラフルな熱帯魚が乱舞するパラダイスも射程内。そのリゾート地は半島の尾根に位置しており、眺望はほぼ三六〇度。東は四国の山々、北に瀬戸内海、南に宇和海、西にはあの関アジ、関サバで有名な豊後水道。

戯れる魚たちが飛び出す透き通った海も、釣り人の姿はまばらです。

こんなところです（空撮）　写真提供：大和ハウス工業

リゾート地近景

四年前に購入し、今はレジャーを兼ね、年に一～二回現地へ遊びに行っています。木を植えたり、手入れをしたり、現地の人とコミュニケーションを計ったり。このコミュニケーションがまた楽しい。将来用の貯蓄となる人的財産を、楽しみながら増やしていけます。

購入資金の件ですが、我々の経済力でもまったく問題ありません。土地代は国産高級乗用車一台分ぐらい。その気になれば、四～五年で資金の準備も可能な事がお分かりになると思います。

(2) ハウスデザイン

ⓐ コンピュータソフトの活用

「家は三度建てなければ理想的なものにはならない」という言葉があります。それだけ複雑な要素が潜んでおり、住んで、身をもって体験しないと、なかなか理想的な家には近づかないという意味だと思いますが、我々企業人では三度も建て替えるのはなかなか難しい。私は二度目になりますが、これで終わりだと思っています。

そこで、時間を十分かけて設計を愉しむ事にしました。設計するためには前提となる土地が必要です。方角、日照、高度、建築条件、環境などによって設計内容も影響を受けます。そこで、前述のように土地を先に購入しました。こうすると、具体的な設計が可能になります。また、今ではパソコン用グラフィックソフトで、簡単にイメージのビジュアル化ができます。パソコン上の仮想空間で、設計、施工を楽しめます。二年前から設計を開始しスクラップ&ビルドを楽しんでいます。

そして、ものは試しとばかり、そのソフトメーカー主催のコンテストに応募したところ思いがけない賞を頂きました。ユーザ人気投票で一位になったのです。支持が頂けたのは、私のデザインセンスでも、ソフトの使いこなしでもなく、夢の中身を評価して頂いたと思っています。

次ページがその時の作品です。

パース図

コンピュータソフトを使ったこの遊び（?）はまた、思わぬ効果をもたらします。まず、頭を使います。パソコンの知識が身に付きます。

現代社会において、車の運転免許がなければ、車という文明の利器を活用できないのと同じく、これからは、パソコンを中心とした情報技術を理解し生活に取り入れていかなければ愉しみを享受できなくなり、厚みのない人生を送る事になるでしょう。

コンピュータソフトはこの問題も、愉しみを与えつつ解決してくれます。まだまだこれからもスクラップ＆ビルドを愉しむつもりです。

ⓑ設計施工知識の収集

イメージだけの設計なら、上記の方法で十分愉しめますが、実際家を建てるとなると様々な専門知識が必要になります。

ただ、日本の場合、その部分は業者にお任せしてできあがりを待つだけというパターンがほとんどでしょう。そのためかどうか定かではありませんが、手抜き工事が横行し、十年もすればガタが来るようなケースもしばしば耳にします。

先日、工事の手抜きを画像処理システムを使って遠隔診断する会社が発足したとの記事がありましたが、その社長さんの話ではこの様な商売が成り立つのは日本だけなんだそうです。欧米では、個人がよく勉強し、工事もキチンとチェックするのが当たり前との事。考えて見ると、確かに**何千万円単位の買い物をするわけですから、自分でよく検討し、工事のチェックもするのが自然**な事のように思えます。

ゴルフのクラブやテニスのラケット、あるいはファッショングッズなどを購入する時は、必死で勉強し情報を仕入れるのに、全く不思議な事です。ここでも、いわゆる日本人の悪い癖、文化的後進国の弊害が出ているように思えます。

私は元々この様な事が好きな事もあり、この際少し腰を入れて勉強してみる事にしました。勉強するといっても、建築学のように数字が遠慮なく出てくる堅苦しいものはやりたくありません。ちょっと調査してみたところ、インテリアコーディネーターという職種の知識レベルが、程よい内容である事が分かりました。

そこで、破壊が始まった脳細胞を使いながら、三年前から気楽に勉強を始めています。

私みたいに、意志が弱いものは何か目標を設定するのが一番。そこで、資格試験をターゲットに置き、問題集を中心とする受験勉強スタイルでチャレンジする事にしました。

自己分析した結果、これは私にとってゲームなんだという事に気付きました。

損得の伴わない気楽なゲームですから、ちっとも苦になりません。

この試験は、一次と二次に分かれており、一次はさらに、二つのジャンルに分かれています。

最初のトライ。私の頭でも、とりあえず一次の二つのジャンルは合格しましたが、二次は見事に不合格。気楽なゲームでも負けると悔しいもの。

志あらたに再び受験勉強にとりかかり、二回目のチャレンジ。今回は見事な逆転勝利！　五十代インテリア・コーディネーターの誕生です。

ⓒホームシアター

現在既に一〇〇インチのスクリーンを使用したシアターシステムを愉しんでいますが、人間ひとつの目標に到達すると次の目標、欲求が出てくるもの。今ではスクリーンサイズ、スピーカー、アンプ、サラウンドシステム、プロジェクター、音響ルームなど全ての面にグレードアップの欲求が生まれています。

そのための調査がまた愉しい。建築設計にはこの中のスクリーンサイズ、音響ルームの構造等が影響してきます。したがって、シアタールームの設計知識収集は今から始めても早すぎる事はありません。この様に具体的ターゲットを頭に描き、多方面の知識を吸収しながら、作業を進めるのは楽しいものです。

ⓓ電脳空間

住む場所は田舎でも、せっかく皆さんが、身も心もボロボロになりながら進化させた文明の利器、情報を享受しない手はありません。

もっと、人生を愉しもう、ボロボロになって世の中を進化させても仕方ないと言っておきながら、その成果はチャッカリ活用しようというのですから、上澄みを掻っ攫う気がしないでもありませんが、別に、誰に迷惑かけるでもなし、法律違反でもないでしょう。

「幸せの素」になるものは、積極的に取り入れ活用しています。

そのためには、多方面の情報が必要。今では、情報そのものが大きな商品分野を築きつつありますが、これらの商品（情報）と接するためには、パソコンを中心とした電脳空間が必要となります。田舎の場合、その必要性はさらに大きくなります。

これからは、よりビジュアルな情報、インタラクティブな情報が求められるようになり、その技術も進化していくはずです。

特に、居ながらにして、よりリアルな仮想体験ができるような技術は楽しみです。こんな夢を描き、机の前のパソコンと格闘しながら情報の収集を楽しんでいます。

ⓔキッチンの事

ここでは、キッチンの設計内容をご紹介するつもりはありません。

今のところ特別な構想があるわけでもなく、また画期的な設計をしたいと思っているわけでもありません。ただ常々思っているキッチンに関する疑問を投げかけてみたいのです。

生活の基本は古来、衣、食、住の三本柱が謳われていますが、今もこれは変わりません。

私が不思議に思うのは、この三つの生活基本要素の一角を占める「食」のための生産設備つまりキッチンだけどうして各家庭にあるのだろうという事です。

昔は「衣」も、「住」も、各家庭の手作りでした。「衣」は、織物を編む事から始めていますし、「住」も、掘建て小屋レベルの手作り住居からスタートしています。現在は衣のための生産設備は殆どありません。

ミシンぐらいはあるでしょうが、生産設備というより、簡単な修理に使っているのが殆どだと思われます。

それ以外は、工業化された社会の生産物を利用しているだけです。

次に、「住」ですが、これももはや各家庭では殆ど生産しません。セルフビルド、日曜大工といったキーワードは、普遍的な世界を意味しているのではなく、趣味の世界を意味します。

この様に「衣」、「住」の生産は既に工業化され各家庭から開放されています。

ところが「食」だけは、いまだに生産設備が各家庭にあります。不思議なものです。

では、「衣」、「住」と同じように「食」が工業化された世界を想定してみます。各家庭にキッチンはなく、食事用のダイニングがあるだけです。食事は注文したメニュー、味、状態（できたて状態、数分立った状態などを、好みにより指定してある。状態は、維持技術により保たれる）、のものが保管庫に届けてあり、それを取り出して食べます。

食器は生ごみとして捨てるので、後片付けは必要ありません。

家庭にキッチンがあり、陶器の食器を使用して食事をするのは、趣味で手作りを楽しむ特殊な人々に限られます。

「食」を、「衣」、「住」の工業化レベルに合わせるとこんな事になるのでしょうか。このためには、味とは何か、時間と共に変化するメカニズムは？など各種の疑問が解明され、維持するための技術確立が必要です。

魚の刺身（活き作り）は、直後より十時間ほど経った頃が一番うまいそうです。

塩辛のうまさの秘密を研究し、博士号を取った人がいるそうです。「食」についてはあまりに複雑で、技術の進歩が遅れているのでしょうか？　と、いうよりも、必要性を感じていないため、この種の研究が成り立たないだけかもしれません。

しかしながら、食事を準備する時間、後片付けをする時間は、趣味として、生き甲斐として楽しめる人でない限り大きな労力の浪費です。各家庭で毎日消費するわけですから、エネルギーのロスは膨大です。

このエネルギーと時間を、もっと生産的な事、あるいは人生を楽しむ事に振り向けるのは、大いに意味がある事と思いますが。

思うに、この分野は女性が分担してきたわけで、男の身勝手と、女性の我慢強さが噛合って、必要性が表に出なかっただけかもしれません。

家庭にキッチンがあるのが特殊で、無いのが常識、という世界を夢見るのは非常識？？

ⓕ資金計画

これはもう単純です。現在（都市）の土地を売って、その金で建築資金を捻出します。

既に、田舎の土地は買っているので、現在の土地を売って、税金や、ローンの残分などを支払った残りが建築資金です。通常数千万円にはなるはずです。その資金は全額建築資金とするつもりでいます。何かのために、少しでも貯蓄しておくという考えはありません。

もともと、都市にそのまま住めば、金は出て来ないわけですから同じ事です。また、いかに価値ある不動産でも、保有したまま死んだのでは何の価値もない。子孫に残すという、別次元の価値はありますが、自身の人生を愉しむというテーマに対しては効力ゼロです。

不動産の有効活用という意味でも「都市の土地」と「田舎の土地＋新築の家」の等価交換は

有意義だと思っています。

⑶ライフプラン

田舎の場合、土地代の桁が違いますので、家庭菜園ぐらいは簡単にできます。また海が近ければ、海の幸も十分生活設計に組み入れる事ができます。この二つを押さえておけば、いざと言う時は、自給自足の生活も可能です。

あの、横井さんや小野田さんの生活よりずっと良いはずです。生存の欲求と安全の欲求は保障されるのですから、年金の将来も楽観的に捉えられます。あれこれ悩む必要もありません。

生活設計に関しては、多方面の準備を計画しており、中には、既に取りかかっているものもありますが、予定のものもあります。以下、順を追って御紹介します。

ⓐ農業知識

これは必要ではありますが、慌てる事はありません。移住する二年ぐらい前からペーパーレベルの勉強を始め、体験によるレベルアップは、移住してからの楽しみにするつもりです。したがって、ここでは計画があるというだけになります。

ⓑ海の事

漁業知識

これも、農業知識同様、生活設計の中では必須と考えています。生存と安全の欲求を満たす手段として、農業と車の両輪を形成するようなもの。したがって、計画も農業と同様に考えています。

ダイビング

これは必須ではありませんが、海に親しむためには「あった方がベター」な項目です。特に選んだ場所は、暖流（黒潮）の影響でサンゴ礁、熱帯魚が泳ぐ楽園の海。これを見逃す手は無いと考えています。

最近は、高齢のダイバーも増えているとの事、勇気付けてくれる材料の一つです。このたぐいの技術習得は、若いに越した事はありません。既に、来年のノルマの一つに組み込んでおり、スケジュールに従ってチャレンジするつもりです。

ⓒ船の事

私は、グルメにも、結構こだわりがあります。単に生理的欲求を満たすだけでなく、付加価値を追求するタイプです。特に、新鮮な海の幸には目がありません。

自由に釣りを愉しみ、獲れたての魚をその場で料理し食するような生活を夢見ています。

そのためには、船が必要です。

ゴムボートとか、時化になれば木の葉のようにゆれる船なら所有するのもたいした事は無いのはご存知の通りですが、私は仲間とちょっとしたミニパーティーもできるような船を手に入れたい。家族水入らずも良いものですが、気の合った仲間と馬鹿な話で盛り上がるのもいいものです。

実は現在も、家族付き合いの仲間が数組いて、年二～三回馬鹿騒ぎをやっています。これがまた愉しく、午後一時頃から始めて夜中の一二時頃まで騒いでいます。延べ、約一一時間にもなりますが、何時も、あっという間に時間が過ぎてしまいます。

それで、なんとか一五人程度収容できる船を手に入れ、生活にも無理が来ないような方法は無いものかと考えてみました。一見難問に思える事を工夫して解決するのは愉しいもの。これも、人間、目標があれば楽しい事の一例でしょうか。結論としては、大都市近郊でそのような船を維持するのは経済的に不可能という事でした。

何といっても、保管料が高過ぎます。逃げ道、抜け道はあるようですが、私の性格上、かえってストレスになります。

そこで、保管料がかからない、あるいはまったく気にならないような所に住いを変える事は必須条件でした。次に、船そのものの購入資金の問題ですが、これはよくよく調べて見ますと、びっくりするような高いものでもない事が分かってきました。

新艇でも五百万円から一千万円程度でイメージする船が手に入ります。また、この世界も中古市場があり、そこではさらに三～五割安くなっているようです。

こんな事も、田舎への移住を決心させた理由の一つです。かくて、田舎へ移住し、船のある生活を夢見ているわけですが、準備すべきものがありました。

船舶操縦士の免許です。昔は免許などは必要無かったようですが、今は国家が認定する免許が必要です。これは一～五級まで分かれていますが、あまり一般的な免許ではないので、話の種に概要紹介記事を記載しておきます。

一級小型船舶操縦士：ボート免許のトップクラス

ボートを操縦して、遠く離れた島や海外へ行くには、一級免許が必要です。ボート免許の中で最上位の一級免許には航行区域の制限はありません（ただし、海岸から一〇〇海里を超える区域を航行する場合は、六級海技士（機関）以上の資格を持った機関長を乗り組ませなくてはなりません）。操縦できるボートの大きさは、二・三級と同じ総トン数二十トン未満です。この免許を持っていれば、クルーザーヨットによる世界周航も可能です。しかし、それに伴う危険も数多くありますから、免許を取得する以外に、さまざまな知識と技術を身に付ける必要があります。

二級小型船舶操縦士：トローリングを楽しめる

外洋でのトローリングを楽しむには、最低でも二級免許が必要でしょう。この免許で操縦できるのは、一・三級と同じ総トン数二十トン未満のボートですが、航行区域は三・四級より大幅に広い沿海区域となります。海岸から二十海里離れると陸地は全く見えません。

このためボートの装備はレーダーやGPSなどさまざまなものが必要になりますし、高度な操船技術と知識も身に付けておかなければなりません。

三級小型船舶操縦士：大きなボートに乗れるが、遠くには行けない

この資格で乗れるボートのサイズは一・二級と同じく総トン数二十トン未満で、小型船舶すべてのサイズのボートを操縦できます。ただし、航行区域が四級と同じ平水区域と海岸から五海里（約9キロメートル）なので、遠く離れた島などへは行けません。この免許は、レジャーというより、湾内の作業船の操縦など、業務用として取得される場合が大半を占めます。

四級小型船舶操縦士：最もポピュラーな免許

この資格で乗れるボートのサイズは五トン未満ですが、水上オートバイから全長8～9メートル程度のモータークルーザーやフィッシングボートまで操縦する事ができます。走航できるエリアは、川や湖、湾などの平水区域と海岸から五海里（約9キロメートル）の水域なので、普通のボーティングレジャーにおいて不自由する事はないでしょう。

五級小型船舶操縦士：水上オートバイやバスボートに

四級と同じく操縦できるボートのサイズは五トン未満です。航行区域は湖川などの内水面と指定された一部の海域及び海岸から一海里(約1・8キロメートル)以内の水域で、沖に出る事ができないため船釣りなどには向いていませんが、水上オートバイやバスボートなどで水辺を楽しむにはこの免許で十分です。

湖川小馬力五級小型船舶操縦士：バスフィッシング程度ならOK

四・五級と同じく、操縦できるボートのサイズは五トン未満です。航行区域が湖、川などの内水面と指定された一部の海域に限定されているため、普通の海には出れません。エンジンの出力も十馬力未満に限定されていますが、バスフィッシング程度ならこの免許があれば十分楽しめます。

以上です。一番ポピュラーなのが四級免許で、これで殆ど不自由しないようですが、ミニパーティーなども開けるような船になりますと、三級以上の免許が必要です。チャレンジの仕方は自由ですが、私はまずもっともポピュラーな四級免許を取得してから、航行区域が最も広い一級にチャレンジする事にしました。これも、六〇歳近くになってからでは、運動神経も記憶力も、それなりに衰えるでしょうから早いに越した事はありません。

結果ですが、五〇歳で四級免許、五三歳で一級免許を取得する事ができました。教官に罵声を浴びせられながら、なんとか頑張って合格した時の気持ちはまた格別。

こんな事も、十年ぐらい前から、第二ステージの準備に取りかかった方がよいという理由の一つです。

蛇足ですが、船の入手については、考え方がさらに進歩（?）しました。「要らなくなった漁船があるからあげるよ」なんて言ってくれる、現地の漁師さんが現れるかもしれないなどと、またまたノーテンキな事を考えてる今日この頃。

ⓓ料理

冗談抜きで、思い念ずると本当にそうなる事もしばしばあるものです。

これも、いずれ手を出そうと計画している中の一つです。

料理は、多くの専業主婦の中心的仕事の一つであり、女性の仕事みたいなイメージが強いと思いますが、なかなかどうして難しい世界だと思っています。「キッチンについて」で述べたように、技術が進歩し、料理が工業化されれば話は別ですが、各家庭にキッチンがあり、そこで料理をするというパターンは当面変わりそうにありません。そして、工業化（＝均一化）の世界ではないので、料理をする人の腕に大きく左右されます。

材料の組み合わせの問題、組み合わせる材料の量的な割合、火加減、水の量、多くの調味料の量、それにタイミング等々。

これは、時間という次元も含んだ、複雑な組み合わせ問題と捉える事ができます。可能性は無限。まずは、各国及び日本各地の確立された組み合わせの知識、技術を吸収する事から始め、新しい組み合わせの実験へと駒を進めたい。これについても移住二年前ぐらいから取りかかる予定です。それまでは、人様の努力の結晶を家庭、居酒屋、レストランなどで愉しませてもらいます。

ⓔ生活のための費用

第二ステージの生活設計は年金が中心です。それ以外については予備と言いますか、余裕資金と考えた方が無難だと思います。現在の生活実態から類推した私なりの収支計算を次に示します。

表　6－3　私の生活予想

項番	項　　目	費用／月	備　考
1	食　費	30000	
2	電気代	10000	
3	ガス/水道代	10000	
4	電話代	8000	
5	新聞他メディア代	6000	
6	車維持費（ガソリン代含）	20000	
7	医療費	3000	
8	衣料費	8000	
9	各種保険等	10000	
10	固定資産税	5000	60000/年
11	自動車税	5000	60000/年
12	車保険	5000	60000/年
13	車検代	5000	60000/年
14	その他	20000	
計		145000	

年金は支払い年数、受給開始時期により個人差がありますので、一概には言えませんが、ここではとりあえず、二十万円と仮定します。

前ページの表と、この二十万円との差額が、毎月の余裕資金です。この計算例では、五万円ぐらい残る事になります。

まだ実際に生活している訳ではありませんので、あまり説得力はありませんが、大きく外れる事は無いと思います。

参考までに、「定年後は夫婦で田舎暮らしを愉しみなさい　星野晃一著　明日香出版社」という本に記載されている生活費一覧を表6―4に示します。

表　6－4　生活費一覧（本の事例）

項番	項　　目	費用／月	備　考
1	調味料、食料	20000	
2	電気代	5000	
3	水道光熱費	4000	
4	電話代	8000	
5	新聞他、教養娯楽	10000	
6	車維持費（ガソリン代含）	22500	
7	医療費	10000	
8	各種保険等	17000	
9	固定資産税	3330	40000/年
10	自動車税	3330	40000/年
11	車保険	4160	50000/年
12	車検代	6660	80000/年
13	衣料品	4000	
14	自家農園費	4160	50000/年
15	その他	4160	50000/年
計		126300	

私の予想より、さらに少なめになっていますが、これは、自家農園による食費の削減が織り込まれている事、及び、「その他」の金額が少ないためです。この事からも、おおよそ一五万円／月ぐらいを予定していれば、大きく外れる事はないと思われます。

収入が、約二十万円としますと、五万円が残る事になります。第二ステージは都市に住んでも、ローンが終わっている事を前提にし、収支だけを見れば大差は無いと思います。私にとっては、船が持てない事と新しい家が持てないという違いがありますが。ローンが残っていれば、これは悲劇です。若気のいたりで定年後までローンを組んでしまっている人は、速やかに田舎への移住を考えた方がよいでしょう。

そうすればローンの解消と新しい家の両方が手に入ります。

ⓕ 小遣い稼ぎ

田舎の生活も、種々のパターンが考えられますが、一石二鳥を狙い、小遣い稼ぎを考えるのも、また愉しいと思います。

一石二鳥の「二鳥」とは、お金と生き甲斐のふたつを意味します。

さらに、それが人間的なつながりを前提とするもの、例えば何かを教える事などは、人脈作りにも役立ちます。現在、この辺の事も視野に入れ準備を進めています。

その中の一つが、ステンドグラスです。

元々、デザイン関係に興味があり、加えて、美しいものには、女性も含め目がない方なので、前々から漠然と考えてはいたのですが、始めてみると思った以上に面白い。まだまだ、日本での普及率は低く、書籍から工具、材料まで殆ど欧米に頼っている世界です。したがって、希少価値もあります。類は友を呼ぶで、同好の人たちと話が合います。

そして将来、田舎で小遣い稼ぎ（教えると言う意味）ができる可能性さえあります。

近所の主婦の人たちに教えている先生がいます。その先生に、人に教えるのには何か資格が必要ですか？と問い合わせたところ、何も必要ありませんとの答え。

要は、その人の営業力なのだそうです。この趣味のもう一つのメリットは、**希少価値と共に、作品が腐ったり、古くなったり、流行遅れになったりしない事**です。

作品を貯めておいて、必要な時に売るようにすれば、生徒さんがいなくても小遣は稼げます。この様に断言しているのは、実はこちらで、既に実験済み（作品を売った事がある）だからです。

この本は、会社勤めの傍らに書いていますので時間がかかります。書いているうちに、新しい事が次々に起こります。ある時、教えるのはなにも田舎に行ってからでなくてもいいのではないか、いまから教える事だって考えられるのでは？　と、頭に浮かび、知人に打診してみました。するとどうでしょう、さっそく習いたいという人が現れたのです。このペンをとっている時点、まだ三人ですが、五～六人ぐらいをターゲットに、現在、**鋭意営業活動中！**

次に、別次元の小遣い稼ぎの話。

田舎暮らしを薦めている本も、今は数多く出回っていますが、その中の多くは農業、漁業の楽しみを紹介しています。これは、運動不足の解消と共に、食費の節約にもなります。

出費を押さえる事は、逆にいえば小遣いを稼ぎ出しているとも言えます。何も、収入を得る事だけが小遣い稼ぎではありません。したがって、農業、漁業を営み食費を押さえるのも立派な小遣い稼ぎという事ができます。しかも新鮮という付加価値が付いており、同等の価値を都会で得ようとするとかなり高価なものになるはずです。余剰分を換金する事も考えられますが、そのために必死になり、ストレスが溜まったのでは本末転倒というもの。そこまで身体と神経を使う必要はないと思います。

もう一つ、小遣い稼ぎの可能性を秘めているものがあります。現在家の設計に利用しているパソコンです。もしかして、将来、土地の人たちに教えるチャンスが生まれ、これまた小遣い稼ぎにもなるかもしれないという、楽観的勝手な読みをしています。

不思議なもので、こう考えると勉学にも張り合いが出てくるものです。

いずれにしても、生活の為ではなく、単なるプラスαの位置付けなので、気楽に構えています。問題が起きたり苦しい事があればさっさと辞めますし、商売にならない場合も辞めればいいでしょう。

⑷人的財産の収集、蓄積

本章の「田舎暮らし」の中で、田舎に移住すると、蓄積された人的財産のロスというデメリットがあるかどうかという議論をしました。結論は、あまりデメリットにはならないという事ですが、もしも、移住先の人的財産を今の時点で、愉しみながら増やす事ができればこれに越した事はありません。第二ステージの設計段階で、ここまでは考えていなかったのですが、土地を購入し準備を進める中で、移住する前からこの準備もできる事が分かってきました。

これができる決定的な要因は、土地を購入している事、つまり、移住先が特定されている事です。この結果、これから述べるような手段（他にも色々あるでしょうが）で、人的財産の蓄積ができる事が分かり、今や、大きな愉しみの一つになっています。

私の場合、次の二つのケースでそれぞれ効果が出ています。

ⓐ夜の交差点

多くの方がそうであるように、私も夜の街へ繰り出すのが嫌いな方ではありません。酒を飲み、歌を歌うという、ごく平凡ではありますがなぜか愉しい時間の中で人的財産の貯蓄ができれば、これに越した事はありません。今住んでいるところでも、この様な夜の街で、そこそこ人間関係はできあがっていますが、新しい場所へのチャレンジはいたく好奇心を擽《くすぐ》ります。ましてそこが、将来自分が住むところであればこれまた一石二鳥！

田舎といっても、車で三〇分～一時間も走ればスナックの一軒ぐらいはあります。

都会のように、至るところネオンキラキラというわけには行きませんが、田舎で車三〇分は相当な距離なのです。別にスナックでなくても構わない。居酒屋、小料理屋、なんでも結構。要は、現地の人と自然に接するチャンスがあるところなら何処でも構いません。

私は田舎を訪れる年一～二回のチャンスに夜の街へ積極的に出掛ける事にしています。

この効果がまた抜群！　早くも、店のマスター、ママさん、お客さんと友達になりました。

横浜に住んでいる事（田舎から見ると、横浜は憧れの土地なのだ）、将来、移住する予定である事をありのまま話す事で、すごく興味を示してくれ、すぐ主役になれます。

友達というのは大げさかもしれませんが、翌日の昼間会ってくれたりして、貴重な現地情報を教えてくれます。もちろん、観光案内には載っていないような情報です。魚の料理の仕方、食べられる野草の見分け方、釣り情報、きのこ情報などなど。

ある店では、えびのとっておきの料理法をその場で実演してくれ、その後実習までさせてくれました。

そうそう一つ忘れていました。最初、その店に飛び込んだ時の話です。巷では一元の客と見られると、法外な値段を吹っ掛けられる事が多い。

私も、年の功でそのくらいの事は心得ているつもりです。そこで、まず一元の客でない事を知らしめる必要があります。私には、その材料がありました。将来、この近くに移住する事と、年一～二回訪れているという事実です。

会話の中では、さりげなくその事を伝えるようにし、それなりのガードをしていました。時間と共に話は弾み、頼みもしないのにどんどんつまみが出てきます。最初は乾物類だったので、心では多少心配しつつもまだまだと自分に言い聞かせ、おっかな酒を飲んでいました。酒のペースも当然普段より控え目です。一時間半ぐらい経った頃でしょうか、今度はフルーツが出てきました。フルーツといってもオレンジに似た柑橘類一種類だけではありましたが、フルーツがこの世界で高価なのは常識のようなもの。もう我慢の限界（心細さの限界）に達し、結構楽しい雰囲気ができあがっていましたが、これで打ち止めと決心しました。

出てしまったものは、食べても食べなくても同じだろうと変に冷静になり、キチンと食べ終わってから、ママ、お勘定！　出て来た勘定書きを恐る恐る開いたところ、な、なんと一五〇〇円！！

二回目に行った時分かったのですがそのフルーツは「きよみタンゴール」といって、伊予柑とネーブルを掛け合わせた傑作で、その地方の特産品。そしてそこのマスターは本業が農業で、きよみタンゴールは自家農園産だったのです。

聞けば、その時々の季節ものを勝手にサービスしているとの事。たしかに、二回目の時はツワブキのてんぷらを勝手に作り、勝手にサービスしていました。

早めに将来計画を立てる事が、現在の生活をも豊かにしてくれる好例です。

来年は、また違う店にチャレンジしてみます。

ⓑイベント

場所を特定した事により、生み出される効果はまだあります。田舎の人々は刺激が少ない事もあって、イベント好き、祭り好きです。また、何かと理由をつけて集まり、飲みます。その様な情報も前述のスナック等から入手する事ができます。参加すれば、皆親切にしてくれます。こんな手段でも早くから人的ネットワークを広げられます。

三年前、ディベロッパー主催のフェスティバル（年一回開催）に参加したときの話です。たまたま、同じテーブルに居合わせた妙齢のご婦人が居ました。あのような場所では、特に意識せず、お互いに自然な会話ができます。その方は地元の方で、四年前にご主人を亡くしそのショックでずっと家に閉じこもっていたのだそうです。そしてフェスティバルの案内が来たので、自分を試す意味で思い切って外出したとの事でした。

話は弾み、最後はお互いの連絡先を確認して別れました。一年後、突然連絡が入りました。

友達が、仕事で信州に引っ越したので、信州~東京~横浜と旅行しようと思っている。ついては、東京~横浜を案内してほしいとの事。まさに青天の霹靂《へきれき》、でも、悪い気はしません。リクエストに応じて案内役を務めましたが、これを機会に友達になり、今では貴重な現地の情報源になっています。

この様に、「第六章　二」で田舎の短所としてあげた人的財産の損失についても、実は短所にはならず、むしろ、新しい財産を蓄積する楽しみが増える、という長所にもなり得る事がお分かりになったと思います。第二ステージでは、仕事によって蓄積された人間関係は霧散する事も考え合わせればなおさらです。

五　三つの要素に当てはめた整理

それではこれから、第二ステージの設計内容が、三つの要素と対比させた場合どの様になっているかを見ていく事にします。

心身の健康

心への影響としては、次のような事が考えられます。

＊仕事からの解放

＊人が少なく、騒音もない
＊豊かな自然（山、海、川、植物、動物）
＊ゆったりした時間の流れ

次に、身体への影響としては

＊きれいな空気
＊無農薬食品
＊生き甲斐として追求していくものからの影響……脳内モルヒネ

ざっとこんな事が考えられます。そして、悪影響を及ぼすものは、私から見た場合、いまのところ考えられません。

欲求に対する充足度

次に、欲求に対する充足度ですが、これは、「第七章　一　欲求の自己分析」のところで上げた表を使って説明します。

「第二ステージでの充足状況（予想）」の欄が評価結果です。

項番	大分類	小分類	分析結果	第二ステージでの充足状況（予想）
1	生理的欲求	食　欲	結構強い。欲望を通り越して、楽しみに昇華させたい。	年金＋αでも問題なし。付加価値的なものは船による釣り、自然農園で充足。
		雨露をしのぎたい	平均的です。	問題なし
2	安全欲求	心配事をなくしたい	平均的です。	収入の不安がない以上、リストラを心配している時期より満足度は高い。また、田舎の場合、大都市に比べ、地震、交通事故等の災害危険度は低くなり、安全性は、向上する。
		苦痛をなくしたい	平均的です。	
		不快感をなくしたい	平均的です。	
		宗教、保険	普通より弱い。あまり興味がない。	

欲求に対する充足度予想（その１）

項番	大分類	小分類	分析結果	第二ステージでの充足状況（予想）
3	所属と愛の欲求	集団への帰属	一人でいるのが好き。皆でワーワー騒ぐのも好き。人が来るのは好き。お土産を持ってくる人はもっと好き。	田舎では、分析結果として書いたことがほぼ充足される。現在の仲間は、移住先への訪問を約束しており楽しみである。
		愛情	平均的です。	大都市と田舎での条件の差異はない。
		性欲	平均的でしょう。	同上。
4	自尊心と他者による尊敬の欲求	認知してもらいたい	普通より弱い。身がなく考え方次第なものは卒業した。	次の、自己実現の欲求及び生き甲斐の追及で得られるもので十分。もともと、この欲求は、身のないものであり、捨て去るべく努力している。そして、その努力は成果として現れている。
		尊敬してもらいたい	同上。	
5	自己実現の欲求	自分らしさの表現欲求	人より強い。	あまり高尚な意味に捉えなければ、現在すでに自分らしさを表現していると思われるものが二つ(ステンドグラス、囲碁）ある。これは、今後もより高いレベルを目指して進めていくつもりであり、十分な満足が得られると考えている。
		自分らしさの創造欲求	人より強い。	

欲求に対する充足度予想（その2）

生き甲斐に関する充足度

つぎに、生き甲斐の充足度に関する話です。自己実現という厳正なものではありませんが、欲求の充足のところで述べたステンドグラスと囲碁以外に、そこそこ面白く、進歩、向上が愉しめるものとして、三つの趣味があります。具体的には、オートバイ、音楽、映画です。この三つもそのまま第二ステージへ持っていくつもりです。

加えて、第二ステージで、決定的な「幸せの素」を提供してくれるものがあります。船のある、魚たちとの共同生活と、大自然の中での農業です。農業といっても大げさな事は考えていません。家庭菜園に毛が生えた程度で十分。私にとってこの二つ、特に船のある生活は、生き甲斐の中で大きなウェイトを占めます。

生き甲斐の充足度としてはこれで十分でしょう。多すぎて、充足を通り越し、心と身体が休まらないようではこれまた本末転倒。その時は、絞込みをするだけです。

六　追加設計

一つの欲求が満たされると次の段階の欲求が顕在化してくる事はすでに述べましたが、次の階層に行かないまでも、同階層での拡大、深度化欲求もあるようです。

第二ステージの設計内容紹介で、四国の選定理由を述べましたが、時間と共に準備が進み、完了した項目が出てきます。そしてそこにまた余裕が生まれます。最近では、その余裕が更なる計画の拡大を迫るようになりました。

いま、具体的に検討している内容は、早い段階で切り捨てた海外生活をテーマとしたものです。但し、移住ではなく単なる内容追加の位置付け、つまり、一年のうちの数ヶ月を海外で暮らすという計画です。こうする事により、更に変化と刺激のある生活が送れるのではないかと思いはじめています。当然、それによる弊害もあります。例えば、不在時の家の管理の問題、経済的な問題等々。

これらの問題も見方によっては、考える愉しみが増えたと思う事ができます。海外生活といっても、私の場合、ターゲットは欧米先進国ではなく、自然環境豊かな発展途上国です。日本は、文化後進国といっても経済、技術等物理的な面では間違いなく先進国。したがって、先進国の実態と空気は日本で得る事ができます。何も外国にいってまで先進国に暮らす必要はありません。また、発展途上国は物価も安く、経済的にも協力してくれます。そんなこんなで、情報収集をはじめる事にしました。

候補地は、南米、アフリカそれにヒマラヤ山脈周辺の三箇所に絞りました。情報の収集方法は文献もありますが、やはり現地をこの目で見る事が一番。すでに南米とアフリカの一部は見て廻りました。まだヒマラヤ周辺が残っていますが落ち着くところは南米ベネズエラにあるギアナ高地になりそうです。ここは通称ロストワールドと呼ばれているところで、未知の動植物の宝庫。言語はスペイン語ですが英語（これから本格的に勉強）でほとんど生活できそう。不動産価格は調査中ですが、首都のカラカスでさえも４ＬＤＫのマンションで六〇〇万円程度。日本の一・五倍の面積に人口約百万人のギアナ高地では価格などないも同然でしょう。

四国と合わせ準備に取りかかっていますが、永住意識はなく長期滞在スタイルで冬季を過ごすだけですので、この件はこれぐらいにしておきます。事例の一つとして参考になればと思い紹介しました。

余談、閑談

これまで述べてきた事は、全て妻との二人三脚です。それぞれどうしたいのかを、意見を出し合い調整しながら導き出した結論でしたが、外国住いについては調整が難行していました。何故ならギアナ高地はヒョウなどの猛獣から大蛇（ボア）、サソリ、毒蛇（約四百種）など「ちょっと怖い」動物が我が物顔に俳諧していることろ。女性はどうしてもこのようなものには二の足を踏むようです。ところがある日、友達がハワイに別荘を買い、それを現地の人に貸す方式で将来に備えているという話を聞いたとたん、俄然積極的になりました。

この友達（まだ四〇代前半）は夫婦そろってサーフィンが生き甲斐になっており、将来ハワイで心置きなく愉しむためこのような設計をしたのですが、どうも、人間には継続的な刺激が必要なようで……。

第七章　達人の紹介

　ここまで提案してしてきた事の要旨をまとめますと、人生における物理的時間の割合を良く認識し、精神時間と物理時間を極力一致させるよう努力する事が、人生を二倍、三倍生きる事につながる事、具体的には①現在、つまり第一ステージの見直し及び再設計、②第二ステージ設計の早期着手の二点になります。

　この考え方にほぼフィットするような生き方を選択し、実践している方がいらっしゃいます。また、早々とサラリーマン世界と決別し、定年という言葉に無縁な、ある意味では理想的な生き方をされている方がいらっしゃいます。

　これから、一見相反する二つのケースを紹介しますが、なぜ、わざわざ異なったパターンを取り上げたかと言いますと、実は、表面上異なっているように見える二つのパターンも、人生とは「生まれてから死ぬまで」という非常に単純な、ごく当たり前の事を真に理解しておられるという意味では、共通した考え方があると思えるからです。後者の場合、定年後の準備が不要という違いがあるだけなのです。

一 二人の校長先生

まず、我々と同じパターンの事例です。

横浜市の小学校校長を退職し、信州安曇野の池田町というところで、元気に共同生活を送っておられるお二人（女性）を御紹介します。パターンは同じですが、人員構成といいますか生活単位は一般的な夫婦のパターンではなく、友達同士の共同生活というちょっと変わったケースではあります。

私との関係は、妻を通じての知り合い。

実名はちょっと恥ずかしいという事で伏せますが、お二人は、平成五年に移住され、現在も多くの分野で精力的に、活発に活動されています。お二人の心の軌跡ですが、教諭から校長時代は、仕事に生き甲斐を感じ、充実していた反面、時間に追われ自分の時間が持てなかったという事をおっしゃっています。

仕事のストレスが深刻でなく、生き甲斐を感じる事ができる場合、自分の時間がなくても満たされるように思えますが、それでも今考えれば、幅が狭かったという事でしょうか。

いまは、時間的余裕もでき、趣味や地域活動に参加し、新しい生き甲斐を楽しんでいるとの事。

教職時代から、時間に追われる中で取り組んでいた、書道、写真、登山、スキー、ドライブ等の多様な趣味は今もほとんど継続しているそうです（唯一、健康上の理由で登山を止めたとの事）。そして加わったのが、俳句、囲碁、自家菜園、それに地域との活発なコミュニケーション。

さすがです。とても私にはここまで手を広げるエネルギーはありません。

お二人の場合、「人生仕事だけではないよ」と考え始めたのは四〇代後半、その後田舎暮らしを模索、退職三年前に信州移転を決意、土地購入といった段階を踏んでおられます。

準備期間で楽しかった事は、第二ステージへの夢と期待、苦労した事は特になかったとの事です。

移り住んだ感想は、豊かな自然を享受できる反面、多少文化的刺激に欠ける事。

この欠点は十分想定される事。後は、個人の価値観によります。

既に述べましたように、満足する刺激を得る手段を取る事も考えられますし、価値観によっては、田舎で十分という事もあるでしょう。

次に、現在の生活状況を紹介します。前記の趣味以外の活動状況です。
＊町の企画による生涯学習講座へ参加

＊町行政への協力（自治会会長、男女共同参画協議会会長、町創造館運営委員会委員長、町児童館運営委員等々）

＊地域活動へ参加（自治会運営のコミュニティセンター建設委員会委員長）

コミュニティセンターは今年度末、建設完了予定。おめでとうございます。

またまた、私の能力とエネルギーではとても及ばないような活動ぶり、そして、生き方のポリシイはと言うと「無理をせず自然体で生きる事」……脱帽。

ここで、お二人の元気な様子と自宅の庭から見える日本アルプスの写真を載せておきます。

不躾に、次の質問をしてみました。

「教職時代に積み残した事、及び第二ステージに対し準備すべき事は？」

①積み残した事……組織に埋没せず、自己実現を図る努力。

②準備すべき事……仕事以外にも多様な価値観を見い出す事。

嬉しい事に、この本で主張している内容と完全に一致しています。

思ったとおり、人生の達人でした。

最後に、お二人の語録のなかで、印象に残った言葉を二つ。

①第二ステージは、紛れもなく自分自身が主人公を演じる物語である。

②生まれる場所は選べないが、生きる場所は選

べる。

二　会社社長を計画的に辞めて

次に、我々とはやや異なるパターンの事例を御紹介します。

名前は井畑さん、この方は私が四国の土地を購入する時、その地方に移住された先輩として業者から紹介頂いた方ですが、次のような軌跡を歩んでおられます。

まず、学生から社会人へのシフトは我々と同じで、企業勤務つまりサラリーマンを選んだそうです。但し、元々好奇心旺盛だった事もあり、仕事一辺倒という時代は最初からなく、多芸、多才、多趣味。例えば、野球、ボクシング、柔道、将棋、社交ダンス、ボーリング、撞球、ゴルフ、釣り、ボート、バイク、書道、絵画等々。これは、世の中の趣味の種類を紹介しているのではありません。一人の人間が若い時代に取り組んだ内容なのです。しかも、それぞれが、アマチュアとしてはハイレベルの域に達しているから凄い。

感心ばかりしていてもなにも生まれませんので先へ進みますが、三二、三歳の頃には、五十五歳になったら瀬戸内等の温暖な地で暮らす事を決めていたそうです。その後仕事の関係でデザインの世界を覗くようになり、三五歳の頃独立されています。企業人の立場から言えば、定年が人より二〇年以上早いケースと言えなくもありません（定年延長などとんでもない。定年は早ければ早いほどいいはずであると主張している私の意見と合致している？）が、まあ、特殊なケースでしょう。

独立して仕事をしているうち、会社組織にした方が何かと都合がよいという事が分かり、会社組織を作ります。と同時に、会社を整理するときの従業員や家族への影響も配慮し、早くからその準備をされています。

移住エリアとしては温暖な瀬戸内地方と決まりましたが、具体的な場所となると理想郷はなかなか見つかりません。そこで、漁師をし、絵を描きながら、じっくり探す事になりました。住いも仮の宿になるわけですが、そこは、おおらかな田舎町の事、無料で勝手に使っていいよという方と巡り合いました。

もっとも無料の館といえど、そのまま住めるようなものを簡単に貸してくれるはずもなく、住めるようになるまでは大変だったそうです。家は百年ほど経っており、全体的に傾きかけている。設備もトイレは汲み取り式、風呂がまは穴が空いた五右衛門風呂、キッチンは土間にレンガの竈といった状態。それを約一年かけて自分で改装したとの事。海から拾い集めた石で作った風呂は地元でも評判になり、新聞／テレビにも取り上げられたそうです。

付け加えますが、井畑さんの場合、何事にも興味と好奇心がある事や、多くの分野を手広く体験してされてきた事も幸いし、それを支える知識も技術も備わっているため、苦労を愉しみに昇華してしまうという特技も持ち合わせておられます。

そして、その「無料の館」を拠点に、漁を営み、絵を描きながら探す事四年半、松山市で個展を開催中、大三島出身の画商と知り合い、現在は大三島へ本格的に移住、以下に御紹介するような活動を続けておられます。

ところで、大三島とは一体何処なんだとお思いの方もいらっしゃるでしょう。

実は、本四架橋第三のルートである尾道—今治ルート（しまなみ海道）の一角を占める大きな島のひとつなのです。尾道—今治ルートは三つのルートの中でも一番の景勝ルートといわれ、付近の海は島で埋め尽くされているといっても過言ではありません。ようやく、お眼鏡に叶う場所が見つかったという事なのでしょう。

今では、絵が一番の生き甲斐であり、人生そのものであると言い切る井畑さんの現在の活動状況は次の様になっています。

＊自宅で絵画教室開講（毎週土曜日）
＊大三島町、上浦町（同じく尾道—今治ルート上の島）で生涯学習教室の絵画講師
＊松山、今治、尾道、岡山などで個展（四～五回／年）
＊年賀状用等、イベント対応木版画教室（随時）

将来の夢はギャラリーを開設する事だそうです。

恵まれた環境の中で、このように高尚な素晴らしい活動ができるとは、まったくうらやましい限りで、私にはとてもできそうに思えませんが、意志を持って動かなければなにも生まれない事もまた真理です。

現在、絵画教室の生徒さんは約七十名との事、いずれにしても、私には、この上なく理想的な生きざまを見せ付けられた思いです。

ところで、井畑さんの人生哲学は、①生涯現役、生涯青春、②自然の中で、自然をよく観察し、自然と共に生きる。

田舎のお百姓さん、漁師さんの世界はまさにこの哲学にフィットする世界の様です。最後に井畑語録からピックアップ。①条件が悪ければ悪いほどファイトが沸く。②田舎では、金を使わず体を使え。③苦労を苦労とは思わない。何故なら苦労している暇はないのだから。

無理をいって活動風景を見せて頂きました。

井畑さん近影

絵画教室風景

なお、無料館住い時代のなかで「漁を営み」とさりげなく書いていますが、趣味の釣りとは違い、漁を営む、つまり漁師になるためには手続きが必要です。

具体的には、①船舶操縦士免許、②海上特殊無線技士免許、③漁協の株取得、④有力者の推薦⑤漁船の取得が必要になります。

また、一見単独行動でも可能なように見える漁業ですが、魚の動きに関する情報交換、嵐に備えた準備における共同作業等、チームワークは非常に重要なファクターとの事。

何処の世界もチームワークが鍵を握るケースは多いという事でしょう。

以上、お百姓さん、漁師さんの事も含め、我々とは別世界の方々の生き方を知る事も、第二ステージの設計には大切な事と思い、御紹介致しました。

ここで紹介した方々の事をもう少し詳しく知りたい方、あるいは、直接話をして、考え方なり生活の状況をお聞きしたい方は著者まで連絡下さい。喜んで、取次ぎをさせて頂きます。私もこれからじっくり諸先輩の生き方を盗むつもりです。

URL　http://www5b.biglobe.ne.jp/~baobab

第八章　最後に

「幸せの素」には、三つの要素（心身の健康、欲求、生き甲斐）がある事、その三つの要素を満足させるためには、考え方、捉え方が大きく影響する事を述べてきました。

そして、人生を体積（四次元）で捉えた全体設計の必要性、特に第二ステージの設計の重要性を強調してきました。

また、当面の問題であるリストラ社会での考え方、捉え方、過ごし方、してはいけない行動などの意見を述べてきました。

しかしながら、ここで言っている考え方、捉え方、第二ステージの設計の仕方もあくまで、一つの事例に過ぎません。田舎暮らしが全ての人にとって「幸せの素」の切り札になるとは限りません。人それぞれ、好み、感受性が違います。

都会にずっと住み続ける事が一番幸せである人もいるでしょう。外国で暮らすのが楽しく感じる人もいるはずです。

大切な事は、自分の人生はこのまま行くとどうなるかを良く考え、人生の中で仕事が占める時間と意味をよく理解し、第二ステージを含めた人生の再設計に取りかかる事です。そして、第二ステージの準備は、定年の二～三年前からでは遅すぎる事も良く理解してほしい。

ここまで述べてきた中で、二つの事が抜けています。一つ目は、独身の方には無関係ですが、夫婦関係、二つ目は努力の甲斐もなく、本当にリストラに遭遇した場合の対処法です。

心身の健康が基本中の基本と申しましたが、結婚している場合、夫婦関係はこれに並ぶ基本的なものです。「幸せの素」は夫婦共有でなければなりません。文中で、女性の話も含めた付加価値的な愉しみの事を書きましたが、それは付加価値の域を出ないものでないとこれまた本末転倒。このような意味では、夫婦関係は、「幸せの素」を求める上の最も大きなインフラ(infrastructure:基盤)なのです。

お互いに相手を認め合い、尊敬し合い、幸せになってくれる事が自分の喜びになるような関係を築き上げていないと、人生を愉しむエネルギーも沸いてきません。私が、この様に全体設計になんのストレスもなく取り組める背景には、この夫婦間の強固なインフラがあります。

「火宅の人」のように家庭外にそのような関係を築く事も選択肢の一つでしょうが、それはどうしても変形したインフラの域を抜けきれません。それとももう一つ、お互いに「火宅の人」ならまだ良いのでしょうが、自分だけ「火宅の人」の場合、相手はとても幸せな人生を送っているとはいえないはず。

本文中、各所で「お互いに」という言葉を使いましたが、その最たるものが夫婦関係です。ここで自分だけというエゴが出るようでは、「幸せの素」を探す資格などありません。

では、どのようにそうした関係を築くかについても、私なりの考えがあり、結果も出ていますが、とても数ページで言えるものでもありません。ここでは、この「インフラ」ができあっている事が、「幸せの素」探しの大前提である事を強調するに止めておきます。

二つ目、やむなくリストラに遭った場合の対処法についても、私なりの考えがありますが、これを喋り出したら2冊目の本ができそうです。この二つの問題は、貴方にお任せ致します。

また、第二ステージの設計をいくら入念に行っても、実行したら思いがけない事も起こるでしょう。飽きる事もあると思います。どうなるか分からない事をあれこれ考えても仕方ありません。何事も、やってみなければ分からない事がたくさんあるはずです。

長島さんが、還暦の気持ちを聞かれて、「サー、私には初めての経験なので良く分かりません」と答えたそうですが、なるほど同感！　地球上の人間は例外なく全員、人生未経験です。誰一人最後まで、つまり死ぬまでの人生を経験したという人はいません。

これから先の事を経験済みという人は皆無です。どうやら、あのノストラダムスも、先の事を経験したわけではなさそうです。

いまやりたい事、遊びたい事、愉しみたい事、知りたい事を素直に実行に移し、今考えられる範囲の将来の夢を愉しみながら、準備する事が大切です。何事にも設計変更はつきもの。変更内容も、基本設計の変更、部分的な改良など様々でしょう。変更するという事は、また未知の分野へいける事を意味します。軌道修正するも良し、修正の必要を感じなければそれも良しです。どっちに転んでも、愉しい事が待っていると思いますし、自分から愉しくしていけば済む事です。

この詳細設計及び準備がどれほど愉しいものかは、今まで述べてきた事で十分おわかりになって頂けたと思います。三年後、五年後どうなっているか、乞う御期待です。

では、貴方も早速取りかかって下さい、人生の再設計に。愉しく豊かな人生、悔いのない人生の為に！

参考文献

(1)春山茂雄著　脳内革命　サンマーク出版
(2)川北義則著　人生・愉しみの見つけ方　ＰＨＰ研究所
(3)安田一郎訳　実例　心理学事典（新訂版）　青土社
(4)星野晃一著　定年後は夫婦で田舎暮らしを愉しみなさい　明日香出版社
(5)笠井寛司著　幸せの性革命　小学館
(6)岩波書店編集部　定年後　岩波書店
(7)猪瀬直樹＋信州大学客員講師団　なぜ日本人は働きすぎるのか　平凡社
(8)外務省外務報道官監修　海外生活の手引き　財団法人　世界の動き社
(9)造事務所編著　海外生活マニアル　情報センター出版局
(10)関野吉晴著　グレートジャーニー②人類４０００年の旅南米編Ⅱ　毎日新聞社
(11)水野肇著　ストレス時代　日本評論社
(12)総務庁統計局　世界の統計２０００年度版　総務庁統計局編
(13)労働省　平成一一年度版労働白書　日本労働研究機構編
(14)大橋巨泉著　巨泉　人生の選択　講談社

さらば！　会社狂《かいしゃきょう》
リストラ時代《じだい》の逆転発想《ぎゃくてんはっそう》

片岡《かたおか》　幸生《ゆきお》

明窓出版

平成十三年五月二五日初版発行
発行者 —— 増本　利博
発行所 —— 明窓出版株式会社
〒一六四—〇〇一二
東京都中野区本町六—二七—一三
電話　（〇三）三三八〇—八三〇三
FAX（〇三）三三八〇—六四二四
振替　〇〇一六〇—一—一九二七六六
印刷所 —— モリモト印刷株式会社
落丁・乱丁はお取り替えいたします。
定価はカバーに表示してあります。

ISBN4-89634-071-X

ホームページ http://meisou.com　Eメール meisou@meisou.com